复杂治理

个人和组织的进化法则

罗家德　曾丰又◎著

中信出版集团 | 北京

图书在版编目（CIP）数据

复杂治理：个人和组织的进化法则 / 罗家德，曾丰又著. -- 北京：中信出版社，2020.11
ISBN 978-7-5217-2195-9

Ⅰ. ①复… Ⅱ. ①罗… ②曾… Ⅲ. ①组织管理学 Ⅳ. ① C936

中国版本图书馆 CIP 数据核字（2020）第 166667 号

复杂治理——个人和组织的进化法则

著　　者：罗家德　曾丰又
出版发行：中信出版集团股份有限公司
（北京市朝阳区惠新东街甲 4 号富盛大厦 2 座　邮编　100029）
承 印 者：河北鹏润印刷有限公司

开　　本：880mm × 1230mm　1/32　　印　　张：10　　字　　数：210 千字
版　　次：2020 年 11 月第 1 版　　印　　次：2020 年 11 月第 1 次印刷
书　　号：ISBN 978-7-5217-2195-9
定　　价：69.00 元

服务热线：400-600-8099
投稿邮箱：author@citicpub.com

目 录

前言

是时势造英雄，还是英雄造时势？

我之前的书《复杂：信息时代的连接、机会与布局》从2016年黑天鹅事件乱飞讲起，书里谈的是我们要以怎样的一套分析架构来看待信息时代人人相连的社会经济与组织管理的发展。其中，英国脱欧、特朗普当选，一方面见证了社交网络取代主流媒体后，同类相聚，成见增强，信息“茧房”现象严重，以至于世界民粹主义[①]兴起，他们的所作所为又代表民粹主义挑战着原有的国际秩序；另一方面，这股民粹风潮终于在法国大选中暂时得到遏制，马克龙的当选让欧盟的团结得以持续，他和德国总理默克尔力抗美国的单边主义，并与中国携手维护着开放世界的多边秩序。近来，欧盟、日本自贸区的建立更进一步保障了多边自由贸易体制的发展。

然而，意大利“五星运动”[②]夺得政权，法国“黄背心”运

---

① 民粹主义，又称平民主义，是在19世纪的俄国兴起的一股社会思潮。——编者注

② “五星运动”是一个新兴的意大利民粹主义政党。——编者注

动[1]如火如荼，它们再次掀起欧盟内部的民粹风潮，马克龙再次成为风暴中心。而就民粹风潮中的“街头运动”来说，互联网能轻易地动员成千上万的人走上街头，但是每个人平常都活在自己的“信息茧房”中，自怨自艾又自娱自乐，互相难以理性协商。所以马克龙号召全法国举办大辩论，以社区为单位，让大家展开沟通，他甚至自己“下乡”进入各类社区参加辩论。全世界都在寻找新的治理机制，这不失为一个方法，当然，成效如何还有待观察。面对信息时代的复杂社会，原来的维持社会秩序与全球治理的答案好像都失灵了。西方世界似乎进入了马克龙与特朗普“对决”的关键时刻，数风流人物还看今朝吗？

但一定会有人问，马克龙与特朗普真的那么重要吗？他们都是民粹风潮催生出来的。特朗普就是美国民粹主义者推选出来的，因而成为美国史上第一个没有从政经验而能当选的总统；马克龙也是在民粹风潮中因法国两大党派都靠边站了，所以才以39岁自组新党之姿入主爱丽舍宫。他们都只是历史的“傀儡”吗？他们分别是美国文化与法国文化面对民粹风潮的必然产物吗？历史不是伟人创造的，刚好相反，历史有着自己前行的规律，“不为尧存，不为桀亡”，真是如此吗？

我们要如何看待这股风潮的发展？这固然是一个学术性的深刻议题，但它同时关乎现实世界的未来走向。我们是否拥有一个回答未来走向的分析架构，而不是简单地说“民粹主义只

---

① 法国巴黎“黄背心”运动，始于2018年11月17日，是法国巴黎50年来最大的骚动，起因为人们抗议政府加征燃油税。——编者注

是历史的小逆流”或“民粹大潮浩浩荡荡，顺之者昌，逆之者亡”呢？

同样的问题也在我国发生了。大家总是在争论医疗、教育、住房问题该任由市场发展，还是由政府统管。为什么说这是类似的问题呢？因为我们总是以“英雄人物 vs 历史进程”或“市场 vs 政府”的二元对立思维来思考很多问题。以医疗为例，事实上，在美国的医疗机构中，社会性的医院（那些教会或大学医院的经费基本上来自民间，由社会贤达进入董事会，是不以营利为目的的医院）占了最大比例，其次是商业医院，最后才是政府主营的医院（基本上是为了退伍军人之类的人而办的福利性的医院）。这让我们看到，医疗事业的治理结构不是简单的政府或市场的问题，而是政府、市场、社会三种治理机制共同发力的结果。而东亚地区则呈现了不太一样的面貌，以中国台湾为例，公立医院占了最大比例，其次才是社会的，最后才是商业的。在瑞士洛桑国际管理学院的评估中，中国台湾在医疗品质与保险普及上都优于美国。所以我们是又有了医疗事业的“东亚模式 vs 美国模式”吗？如果我们不以这样的思维方式看问题，那么我们有别的观点和架构来分析这些议题吗？

还有非常类似的问题，比如企业主会问：我的企业是要做大做强，还是要做久做实、基业长青？这似乎是不一样的管理哲学，它们也对应着十分不同的管理手法，这让企业主们有时难以抉择。那它们有无调和的可能？我们总希望自己的企业既做大做强又做久做实，这可能吗？如果可能，要如何做到？本书从组织理论出发，谈复杂系统视角下的组织管理，正是要回答这类管理问题。

在我已出版的《复杂：信息时代的连接、机会与布局》和《中国治理：中国人复杂思维的 9 大原则》两本书中，我将组织视为一个复杂系统，并在其中探索了系统领导者如何以复杂系统视角来看待组织管理。而在本书中，我仍然会用“组织管理”一词。其实，在整个复杂系统中，我们要探讨的都是治理问题，治理在组织系统中包括三种“理想类型”的机制——层级、市场与自组织。如果是在社会系统中，则相应的有三类——政府、市场与社会。复杂系统一定是在这三类治理机制共融并存、相生相克中演化的。所以本书虽然以组织理论为核心，但有时亦会言及社会系统。狭义的“管理”原本的意义是“层级治理”，是由上而下的“控制”之道。但本书所说的“组织管理”，是指广义的“管理”，包括“治理”，治理理论是在管理学之下发展出来的。我在本书第二章、第三章、第十一章中采取了由上而下的视角，探讨一个组织的管理者在面对复杂系统时，要有什么样的管理思维。

复杂系统视角下的组织管理之道正是要管理者认识到，万物相互连接后的组织一定要超越控制思维，管理者不能再以单一的层级治理之道来管理组织，而必须看到多元治理机制共同发挥作用的重要性，使系统稳定、高效，又能演化，以适应环境的变化。所以本书所用“组织管理”指的是复杂组织的管理者要如何由上而下看待多元治理机制的相生相克、共同演化，并提出因应之道。而本书的第四章到第十章正是从组织理论的发展历程来理解复杂系统视角下的管理学是如何形成的。

本书由我 14 年来在清华大学社会学系开的本科课程“组织社会学”的讲义形成，这门课几乎每年都开，从只介绍各组织理论大师的思想及其启发的管理学，到“演化”出复杂系统视角下的管理学，并逐渐在教学相长的过程中把复杂系统的理论融入课程的架构，终于形成较完整的讲义。因为这是给本科生上的课，所以我避免了太多的理论陈述，故这本书可以被视为一本“复杂系统管理学”的科普书，当然也可以被当作本科层次的组织理论课本。

这门课程的另一个目的在于刺激学生去思考中国本土的管理理论有什么特质。避免我们只知道照搬西方的管理学。所以，在课程开始的第一天，我一定会要求学生阅读两篇读物，一篇是托马斯·莫尔的《乌托邦》，另一篇是陶渊明的《桃花源记》。

> 林尽水源，便得一山。山有小口，仿佛若有光。便舍船从口入。初极狭，才通人。复行数十步，豁然开朗。土地平旷，屋舍俨然。有良田、美池、桑竹之属。阡陌交通，鸡犬相闻。其中往来种作，男女衣着，悉如外人。黄发垂髫，并怡然自乐。
>
> 见渔人，乃大惊。问所从来，具答之。便要还家，设酒杀鸡作食。村中闻有此人，咸来问讯。自云先世避秦时乱，率妻子邑人，来此绝境，不复出焉，遂与外人间隔。问今

是何世，乃不知有汉，无论魏晋。此人一一为具言所闻，皆叹惋。余人各复延至其家，皆出酒食。停数日，辞去。此中人语云："不足为外人道也。"[①]

桃花源内，"阡陌交通，鸡犬相闻"，好一幅田园牧歌的景象。"黄发垂髫，并怡然自乐"，好一个人伦和乐的社会。"余人各复延至其家，皆出酒食"，好一个人际友善的世界。这个人伦和乐的遗世之地源于"避秦时乱"，避开那个"苛政猛于虎"的"秦制"年代。虽然陶渊明从来没有告诉我们这样的理想社会是如何治理、如何运作的，但它却成了中国人一千多年来所向往的去处。

乌托邦里又是怎样的景象呢？

为了保证城市人口密度，从而合理地利用城市现有的资源，乌托邦对每家每户的人口都有严格的规定：每家成年人不得少于10名，也不得多于16名。这样的数目正好可以保证每个家庭拥有充足的劳动力。每个城市必须有6 000个这样的家庭。

在农村中，每户每年有20人返回城市（农村一户不得少于40人），他们都是在农村住满两年的。他们走后，会

① 陶渊明集［M］. 北京：中华书局，1979:165—166.

有从城市来的另外20人填补他们的空额，接替他们之前在乡村的劳动，这让几乎所有的人都有机会体验不同的生活。

他们（乌托邦人）的精神世界极其活跃，毫无拘束。他们有权利去追求自己所赞扬和认同的宗教信仰。但即便如此，乌托邦人在这一点上又是一致的，即只有一个至高的神……在本国语言中一致称其为“密特拉”……每当月杪或除夕这些节日的晚上，他们就会实行禁食，然后在教堂集合，共同度过一个没有邪恶、没有怨言、没有愤怒的夜晚，以前所有的不平与不满都在宁静的夜色里被沉淀、淡忘了……每逢月末或年末，在去教堂之前，还有一件重要的事要做，妻子会伏在丈夫脚前，儿女会伏在父母的脚前，针对过去的岁月里自己的过错或失职认罪忏悔，乞求得到宽恕，这样真诚的道歉和忏悔又怎会得不到家人的原谅呢？①

“乌托邦”一词已然成为西方理想社会的代名词，但是我们看到的却是和桃花源不同的景象。它在明确的宗教导引精神的生活之下，又有非常清楚的制度设计，对人的工作、生活都有很多的规定，构成了一个小的共产社会。只是这样的社会理想到20世纪反而成为西方的新思潮支持者反对的对象，《美丽新世界》《一九八四》《动物庄园》等反乌托邦的书因此红极一时，

① ［英］莫尔．乌托邦［M］．胡凤飞，译．北京：北京出版社，2007.

它们都指出，严格的道德与制度的束缚剥夺了人的自由。

但是我们在此所关注的是，中国与西方的社会治理理想似乎很不一样，这必然对我们看待怎样才是一个好的组织治理方式有很大的影响，也使得中国人孕育了不同的治理智慧。我们要如何理解中国人的治理智慧？本书在最后将回到这个议题上，探讨中国传统中蕴含的复杂思维。

第一章

序曲——复杂系统管理学

一

复杂科学的起源

起源

新时代来临了，AI（人工智能）、大数据、物联网、5G 网络……种种现象让我们看到，一个科技大变局时代好像来临了。

总有一些专家会基于这些技术的变迁预言，将来会有 50% 的职位消失，50% 的人会失业，我们的工作内容会完全改变，人工智能将取代大量人体脑力劳动，使得人与人之间的竞争无处不在。这些预言都没错，但我们没有什么好担心的。工业革命以来，技术的改变不是一直在推动着社会大变迁吗？在欧美，从大概 140 年前开始，就有 50% 的农民失业了，他们变成了工人。大概 60 年前，又有大量的工人失业了，变成服务业从业者。但是我们要想清楚，什么是不变的——科技始终来自人性。我们要想想，人会如何利用新技术？

所以在新时代，我们要如何做一个好领导？面对大变局、大趋势，必须顺势而为，但又如何不听天由命？作为公司管理者的你能够做什么？到底是你在创造历史还是历史在挟制着你？

过去，我们的整个科学范式是化约主义的，多是运用分析式思维。但有另一个范式，它是复杂的，运用的是整体性思维，被称为“复杂科学”。这一范式在1977年诺贝尔化学奖得主普利高津提出耗散理论时就已奠基。1984年，一个跨物理学、工程学、生物学和社会科学的研究机构成立了，它叫圣塔菲研究所，成为发展并推广复杂科学的重阵。在20世纪60年代，相同的思维在社会学界也产生了。复杂科学强调看到系统本身，相信个体的加总不再等于总体，你也无法再把总体看成个体的简单相加。因为每一层系统就像人的大脑，是层层自组织系统。每一层系统都会涌现很特殊的东西，系统的上一层都不是下一层分子的加总，而是加总之外还有涌现出来的其他特质。这就是本书要谈的“复杂”，尤其是与组织治理有关的一些复杂理论。

我们当前在管理学中常听到的概念，如“平台”“共生”“生态系”，其实都是在谈复杂系统。我们更常讲，在不确定的年代怎么办？黑天鹅乱飞，灰犀牛到处有，我们作为管理者该如何自处？复杂系统理论中有一句话：个体都是脆弱的，但系统可以是强健的。对于大中型企业来说，只要有可能把它变成一个平台或一个网络式的组织，就有可能把它变成一个复杂系统。但如何使它强健呢？

系统确实可以很强健。一家比较成系统的公司或一个平台，甚至一个产业生态系统、一座城市、一个国家、一个社会，都是复杂系统，这样的系统是怎样被管理的？怎样才能使系统强健呢？

复杂系统中有一个复杂演化的过程分析，类似遗传学家瓦丁顿的胚胎发育坡模型。一个个的受精卵分化、演化出很多器官，到最后变成一个婴儿的过程，其实就是一个复杂系统演化发展的过程。一个受精卵会分裂成很多细胞，然后发育出各种器官，就好像一堆大石头随着大势滚下山坡，它们各有各的坡道，最终各就各位。我们也可以用这个山峰滚石的比喻来说明好的复杂系统管理是什么样的。当然，比喻不是科学方法，严谨的研究自然需要很多构建动态模型和验证真实资料的过程，但一个好的比喻往往能十分形象地阐明一个道理。

但是我们都知道，这个过程在"上帝之手"之下，使得95%左右的小朋友在生下来是十分健康的（环境污染等因素会使这个比例下降）。然而，很不幸的是，在"人类之手"之下，99%的企业都在不长的时间内消失了。实际上，一家公司想要存活实在太难了。一家公司能存活100年的概率大约是0.45%。英国物理学家、圣塔菲研究所前所长杰弗里·韦斯特有一本在我国很火的书，叫《规模》，书里就提到了关于公司高死亡率的数据。譬如，他总结指出，1950年以来在美国公开上市的28 853家企业中，截至2009年，共有22 469家公司消亡，也就是说，将近78%的上市公司在50年内消亡了。它们已经是企业中的佼佼者，尚且如此，更不用说九成以上的企业熬不过7年的初创期。

如果我们借用物理学所说的“半衰期”的概念来衡量，那么可以说美国上市公司的半衰期就是10.5年。这个意思是，每经过10.5年，这些公司就会消失一半。不管这些公司所在的具体行业是什么，规模如何，何时上市的，只要是一家曾经辉煌、能上市的公司，在10.5年内就有50％的倒闭风险。

基业长青的因素

让我们回过头来思考，这些公司，包括上市的大公司，为什么会如此容易消亡？系统领导者们要如何做，才能让企业基业长青呢？

让我们借用瓦丁顿胚胎发育坡模型来反思何为复杂演化的过程，看看基业长青的因素究竟是什么。简单地说，就好比今天你在一个系统中当领导者，环境的大势就好像隆起的山峰，有着坡峰与坡道，系统中的功能单位或自组织（一个系统可能是企业、平台、产业生态系、社会或经济体）就像一堆石头，它们顺着大势而动。大石顺着大势滚下去的时候，你如何使这些石头最后各就各位呢？

在以往的层级制管理思维中，我们总是想控制、控制、控制。就像西西弗斯的神话，西西弗斯老是想按照自己的想法把石头推到一个高点上，然而石头却总在高点滚下来，最后他的一生就是在那里不断地推石头，而石头在不断地向下滚。而用复杂系统演化的思维来解决这个问题，我们可以用的是“四两拨千斤”的“太极功”。简单来讲就是一些大石头在乱滚的时候，你和你的团队有没有办法站在坡道分岔点，如在图 1.1 中的 A 点最正确的地方轻轻一拨，石头就从这条坡道滚到那条坡道，最后在良好布局下，大石在山脚下各就各位，成就一幅你想设计的“八阵图”。

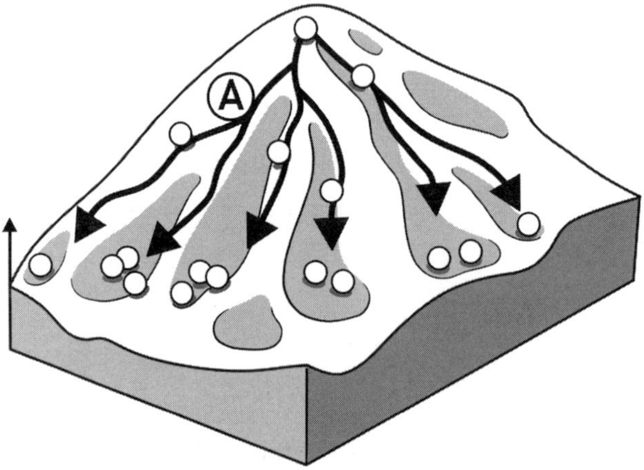

图 1.1　瓦丁顿胚胎发育坡模型

大势不可逆，但英雄可以顺势而为，趁势而起，造势成事，在分岔路上做出正确的选择。大家面对的大势都是一样的，但不同的人拨动了它，最后这块石头就会跑到不同的地方。大势不能改，就好像大石在山顶一定会顺坡道向下滚，人力不可逆，但是你怎么布局却会使一个复杂系统的发展大不相同。

等环境再变动的时候，就好像发生了地层隆起。造山的时候，这些石头再一次回到山顶上，我们就要再一次布好局，顺势而动。中国人特别擅长利用这样的复杂思维。全世界有两种文化是基业长青的，一个是犹太文化，一个是中国文化，它们各有 4 500 年的历史。所以本书最后一章就试图用我们中国的例子来讲复杂系统的故事，因为中国的例子特别适合用来讲这类故事。

二

中国式管理艺术

中国式管理的成功

约翰·佩吉特和沃尔特·鲍威尔写的一本书《组织与市场的涌现》，就用复杂理论看待了很多问题。其中有一章特别介绍，为什么中国的改革开放成功了，而苏联的改革却导致其解体。它指出，苏联改革开放的时候，已经没有民间自我“造出新势”的能力；而在中国，制度创新的能力是改革开放的活力来源，系统领导者则可以顺世界之势造国内之势，做出正确的路径选择。这正是“四两拨千斤”的管理之道，顺势而为，自我创新，又造势成事。

在 20 世纪 90 年代俄罗斯又需要改革时，有一群所谓“芝加哥男孩”的人，由以萨克斯为领导的团队过去当顾问，他们主张从原来的计划经济转到市场经济，这就像是一处悬崖，不可能“摸着石头过河”，必须要一步跨越。这就是“休克疗法”[①]的来源。不幸的是，几乎所有使用了“休克疗法”的经济体都没有成功，反而是“摸着石头过河”的经济体成功地实现了转型。我国的小岗村经验是土地承包，华西村经验是集体经济，义乌经验、温州经验发展了民营企业，还有东莞经验、苏南经验这些引入外资的改革试验，以及重要的深圳经验创造了特区模式，所以后来又有了浦东新区和滨海新区。每一次经验都很有意义，它告诉我们，我们其实是在不断地摸索。现在来看，过去的华西村经验和小岗村经验，也是我们观察了很久才下的结论。这就是我们说的“战略定力”，“让子弹飞一会儿”，我们才知道结果。

马克·格兰诺维特在《社会与经济》一书中还举了一个例子，我们在第十一章对此会有更深入的介绍。大家都知道，美第奇家族是文艺复兴运动的推手，该家族300年的历史改变了世界的走向，他们既顺应了世界发展的大势，又在自己的内部造势，最后竟然能够做大量的跨界，既从自己的圈子中获取权力，又从跨界中获取权力，还在跨界融合中找到了创新的机制。美第奇家族能够跨越自己所在的老贵族阶层，取得跨入新兴自由城市的权力，更从羊毛业跨入金融业，从而连接了新兴工商

① 休克疗法，原是医学上临床使用的一种治疗方法，20世纪80年代被美国经济学家杰弗里·萨克斯引入经济学领域。——编者注

阶级。他们最厉害的是，刚开始纯粹为了兴趣，跨界跨到文艺界，最后竟然培育出像米开朗琪罗这样的文艺复兴旗手。最后，他们通过造势取得了话语权。为什么？法国当时是欧洲最强盛的国家，而美第奇家族的两位女性先后当上了法国的皇后，入主宫廷。该家族还产生了四位教皇。所以，我们也可以说，没有美第奇家族就没有文艺复兴。

中国式管理的优势

从上述案例中，大家可以看到里面充满了中国式的语言，怎样取势，怎样顺势而起，最后怎样布局、造势，都是中国式的语言。这些复杂理论正是中国人具备的历史智慧。中华民族是最重视历史的民族，中国人的治理智慧天生地具有阴阳相融、相生相克、多元演化、动态平衡的视角。复杂系统是动态演化的，我们看企业，要看“势”的“拐点”，布好“局”，不走极端，做好“调控”，取“中庸之道”，这些是我们中国人提出的概念，西方的管理理论中没有这些名词。

领导者在预见大势的分岔口，布好局，“四两拨千斤”地将系统中自发的动力（也就是胚胎发育坡模型的比喻中坡顶的众多巨石）激发出来，便可引导系统走到正确的道路上。

管理学大师亨利·明茨伯格说，管理是科学、哲学与技艺三者的综合，管理复杂系统固然需要有智慧的判断，但科学知识也可以帮助领导者预测大势，定位“拐点”，辅助做决策。科学当然是有边界的，它无法对道德、情感等下定义。但是在管理领域的科学知识中，我们一定要有所警觉，今天的知识实际上也只是人类能够达到的科学边界中很小的一部分。我想，自然科学可能多一点儿，社会科学则少一些，不管是哪一类科学，都还有大量可以探索的空间。所以我们一定要相信还有大量的管理学理论是我们不知道的，我相信我们中国人可以在复杂科学研究领域里有极大的贡献，因为我们天生具有复杂思维。所以，站在西方理论的肩膀上，我们一定可以找到非常多新的关于复杂系统管理学的理论。

在方法创新上，我们拥有更好的机会。如今，复杂系统研究最能够结合的是大数据，因为只有大数据中才有历史性的复杂网演化资料，才能让我们找到“涌现”的“势”的“拐点”。而今天的中国不但站在相同的起跑线上，而且我们有方法上的优势，不但数据多，可寻求应用的场景也特别多，所以我们在方法上和理论上都有弯道超车的机会。

三

系统领导者的 9 大特质

那么，什么是“势”？什么是“拐点”？ 什么是“布局”？理解了这些，复杂系统管理的“四两拨千斤”的方法才能发挥作用。图1.2展示了一个系统的阴阳平衡，可以说明这些内容。

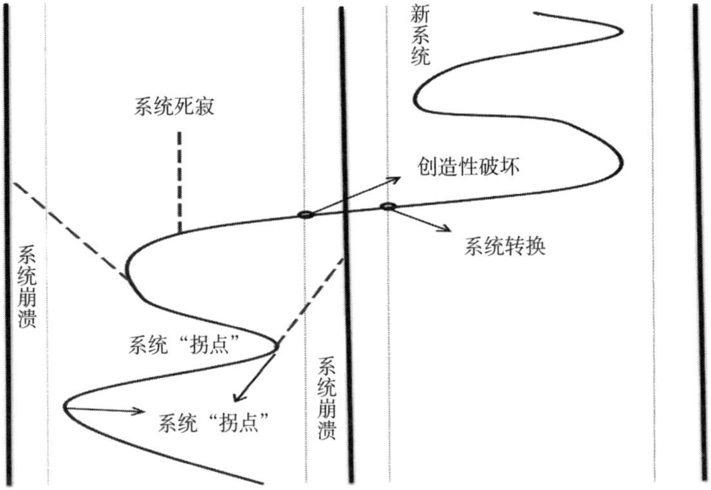

图1.2　系统中“势”的演化与“拐点”示意图

如果你是一个系统领导者，你就要思考以下事情。

第一，要看到一张网，而不是看到一个个的人。

第二，要看到网络的整个结构，并在结构和网络中做出判断。结构中的“风吹草动”正是我们如何掌握“势”的关键，比如一些人、一些事正在迅速崛起成为枢纽——大家都想连接的对象，这就预示着“起风了”。那你在“风口”上吗？

第三，要思考这个“势”的“拐点”在哪儿。现在最流行讲的就是“站在风口上，猪也能飞起来”，所以每个人都想当“飞猪”，这很麻烦。如果你没有办法预测“风”什么时候停，那么在“风”停的时候，跌下来的“猪”比没飞起来的“猪”

还惨，这就是“拐点”。系统领导者最厉害的就是能做到“四两拨千斤”，像中国太极拳，顺势一摆，力道消减，转动方向，系统重归稳定而生机勃勃。做不好，如图 1.2 所示，系统不是死寂，就是崩溃。

第四，要判断现在这个系统是否为非常态系统。比如大数据来了是否就真的是大势来了，不是假的昙花一现。大的转变趋势来了，就是系统进入非常态了，这时系统领导者要懂得审时度势，再以“四两拨千斤”的管理艺术顺势一推，就可以让旧系统瓦解，新系统诞生，完成系统演化，如图 1.2 中从左边的系统转入右边的系统。这就是创造性破坏，也是让系统转型成本最小的方式。

复杂系统领导者必然有这样几个特质。

第一，他必然是心胸宽广且具有开放心态的。

第二，会做顶层设计和底线设计。顶层设计是说，尽管系统内的成员都在各自进行创新，但是大家的方向是一致的，愿景、价值观都是一致的，而不是大家各跑各的。跑马不是往五个方向跑，而是往一个方向跑，形成竞合。另一个是底线设计，就是说大家的底线是一致的，创新才不会太出格。

第三，要知道如何激发边缘部门的创造力。系统需要放开自组织，但并不是放权就有了自组织，而是需要培育、培训，以做好顶层设计并确立行为标准。

第四，要拥有良好的战略定力。要让时间来做出判断，最后才能有效地总结成果。掌握几项关键，又能提供自由空间，能让每一个自组织做出边缘创新。在自组织之外，我们也看到，任何自组织在发展早期都是脆弱的，如果你太快地让整个系统去压迫它，它就可能会消亡。这个时候需要的就是战略定力。

第五，要能够创造良好的网络结构。创新苗壮成长到一定程度的时候，系统领导者就需要把这些创新连接回整个系统网络中。网络结构非常重要，既需要在一定程度上做到收权，又需要放权；既需要一定的网络密度，又不能太密；既需要有圈子，也需要在各个圈子之间建立桥梁。如何建立这样的网络结构决定了你是否能成功建立让自组织能够创新又相互竞合的跑马机制。

第六，能够促成内部的合作与竞争。在这个边缘创新融入整体网络的过程中，会产生正负反馈。正反馈就好像滚雪球一样，让边缘逐渐发展成枢纽。但更重要的是，就算是在未来很有希望的边缘创新，也需要面对足够的负反馈，不断地进行自我修炼，不断地改善。这就体现出一个良好的网络结构的重要性。

第七，兼听兼看以做出正确的选择。做出正确选择之后，一定要让企业的组织架构适应新的环境，促成边缘创新对内部组织的改变。由此你的整个系统才会随之发生改变。

第八，能稳住系统的核心。在整个系统转型的过程中，我们需要给边缘放权，让它活。但越是在系统“狂飙”的过程中，一个系统的核心就越要稳。核心就是你的价值观、方向、底线和关键资源。以企业为例，在系统转型过程中，有的东西需要稳，比如需要抓现金流，要讲教育，使整个系统可放可收，不会“一放就乱”。任何一个良好的边缘创新都源于教育，良好的自组织不是凭空产生的，而是培育出来的。

第九，能做好调控，保持动态平衡。复杂系统要讲阴阳相融，相生相克，动态平衡；中央要稳，边缘要放；左手放，右手稳。但是隔一段时间之后就需要调整，右手放，左手稳。而教育永远是复杂系统进行边缘创新的核心。所以很多大的企业都有自己的教育系统，比如 GE[①] 就有 GE 大学，用来培养大家的底线行为、价值观，以及创新能力、自组织能力。

四

组织理论大师的思想

这本书就是从原理上介绍复杂系统管理学。这样的理论在发展过程中，灌注了多少组织理论大师的思想精髓，才在百年的时间中一步步地发展出越来越完整的理论体系，而到目前为止，我认为论述这个体系最好的代表人物就是社会学大师格兰诺维特，我将在本书第十一章中阐述其理论架构。

① GE 全称为 General Electric Company，即美国通用电气公司。——编者注

本书在之后的每一章都在呼应着这个理论架构发展过程中的智慧，并在前人的智慧中逐渐整合出一个复杂系统视角。

在长达百年的组织理论发展过程中，每一位大师都提出了他们对组织管理的洞见，这成为建构复杂系统视角的各个元素。本书将把这些元素一一道来。

五

复杂组织理论与本书的章节

组织理论与复杂系统视角

组织理论是很多重要管理理论的奠基理论，它关系到人力资源、组织管理、组织战略、领导学、治理机制、组织演化等诸多议题。扩大而言，它也关系着经济社会系统的治理与发展。那么，复杂系统视角是如何渗入组织理论的呢？

一方面，信息时代使得人人互联，新的治理模式呼唤着复杂系统视角进入组织研究之中；另一方面，这也是组织理论一步步因应时代变化，逐步演化出来的。虽然中国人的文化基因中带有阴阳相融、中庸平衡的智慧，但现在主要的复杂科学理论还是产生于西方的学术研究之中，组织理论中的复杂系统视角也肇始于西方。我们期望在中国人天生的复杂视角的智慧下，中国本土会在复杂理论的研究上有更多的突破。

那么，组织理论又是如何一步步地进入复杂系统的呢？

在第七章中，我们将介绍 W. 理查德·斯科特整理的组织理论各个学派的理论，他把它们分在了两个维度之中。一个维度是理性系统，是对组织本质的预设，也就是强调组织如何可以理性地设计其结构，计划其工作内容，强调“组织逻辑”。另一个维度是自然系统，也就是强调组织是如何自发地成长起来的，强调工作中员工的能动性与创造性，强调“生活逻辑”。组织毕竟是人的组合，人的七情六欲一定充斥其中，组织又以生存为要务，一定要先生存才能达成组织目标，所以组织自有一套自我存续的逻辑。

另外，还有两个维度，是封闭系统和开放系统。封闭系统的研究着眼点只在组织内部的管理、工作秩序的维护。而开放系统要考虑组织与外在环境的互动，要考虑如何从外在环境输入资源、人力与信息，并不断输出资源与信息。那么，组织内部如何能保持平衡与秩序？同时，面对外在环境的不断变化，作为一个系统，组织要如何不断地演化以求取持续的生存？这是我们接下来要探讨的。

本书各章介绍

图 1.3 是一个综述，也是后文各章的一个导览。

在本书以下各章中，第二章介绍什么是组织，然后提出要以复杂系统理论的观点看组织，而复杂系统视角首先要看到组织是一个对环境开放的系统，同时它是一个有内在动力自然成长但又可以理性设计的系统。

第三章则提出了复杂思维的一些基本概念，指出关系、圈子、自组织与复杂系统视角是最重要的看问题的工具。作为一个系统领导者，要具备系统观、网络观、整体观，懂得阴阳相融、自组织的道理，能判断系统处在常态还是非常态，做好动态平衡，理解“大势”与“势”的“拐点”，并在各类创新之中做出正确的选择。

我们在第四章会谈一个“边缘创新”的案例，从一个实例看复杂系统因应外界的变化，这既不是简单地顺服，也不是理性地从头开始规划以适应变化，而是有一个让组织内小团体“自找出路”的过程，因此而产生创新。通过正负反馈，创新被传播给组织的其他部分，且整个系统也是“摸着石头过河”，将“适者”留存下来，并用以改造整个组织。在开放系统中，我们再次看到由上而下理性设计的力量与由下而上自组织的力量是如何相融相生，最后一起完成一个制度的创新及系统的转型的。

我们将在第五章介绍两个封闭的理性系统理论，其强调在工作中如何做计划。我们在众多理论中选择了最具代表性的两个学派中的两个人物的理论：科学管理理论的代表人物弗雷德里克·泰勒，谈的是如何规划工作内容与工作流程；层级制理论的代表人物马克斯·韦伯，谈的是如何设计组织架构，最后以最理性的手段达成分工与整合，既有效率又有效能地达成组织的目标。

第六章则探讨封闭的自然系统理论。它强调的是工作不可能被计划，组织架构不可能被设计。我们在众多理论中选择了最具代表性的两个学派中的两个人物的理论：一是切斯特·巴纳德对在组织中协商、沟通、获取信息、构建道德规范与愿景及进行非物质激励的研究；二是进行霍桑实验的乔治·埃尔顿·梅奥指出了组织中非正式团体的重要性，以及自下而上自组织的可能性。

第七章除了介绍斯科特的理论分类与综述，也特别介绍了赫伯特·西蒙如何将理性与自然系统模型进行“阴阳相融”，也就是工作流程与组织结构可设计即为“阳”，工作流程与组织结构不可设计就是“阴”，让我们看到复杂系统不是两极对立的，而是理性与自然两类“理想类型”并存。西蒙从有限理性、信息不对称、机会主义行为及不确定性这些概念入手，探讨了如何在人自然组合的组织中进行一定程度的设计与引导。同时，西蒙开启了组织决策理论的先河，从而让我们看到组织是一个开放的系统，组织领导要面对外界环境的不断变化而做出决策，要调整组织的目标与架构以因应新的需求。

我们在第八章加入了对开放系统的思考。管理复杂系统的前提就是开放，外界不断地输入资源，内部又不断地输出资源，从而使得系统内外保持平衡，并让系统不断演化以适应外界的变化。在诸多学派中，以奥利弗·威廉姆森为代表的新制度经济学提出了如何理性设计这样的开放系统。他以交易性质与交易成本为切入点回答了R. H. 科斯的“市场或层级？”之问，指出组织的边界取决于理性地最小化交易成本。一笔交易如果在市场上成本太高，就不妨把它内化，从而变成组织内的活动，由此扩大组织的边界。市场与组织在这里被视为可以被替代的两种治理机制，由此开启了组织治理理论研究。

第九章则以研究新制度理论的菲利普·塞尔兹尼克为代表阐释了开放的自然系统理论。因应外在政治的、规范的压力，组织内部的架构经常屈服于环境的要求而无法进行自我选择，也有时因应其他组织作为“典范”“标杆”的压力，组织结构会趋同，无法进行自我设计。

第十章将指出，复杂系统视角并非组织理论所独有，也非限于社会科学领域，而是源自物理学，继之在生物演化、生态学、疾病传播、电脑、电力网络、脑神经医学、人工智能等领域大放光彩。本书特别挑选了两位学者的研究，探讨复杂系统研究作为一个更大的跨学科研究对组织管理的影响。一是在生物演化领域中马丁·诺瓦克的研究，它让我们看到生物演化中除了基因突变与物竞天择，还有关系和合作的重要性；二是在系统科学领域中艾伯特-拉斯洛·巴拉巴西的研究，它让我们了解到复杂网的成因、成长、演变，以及系统如何能基业长青。

第十一章介绍了格兰诺维特的新经济社会学。格氏提出了一个宏大的理论架构，很好地总结了上述各派的观点，并分析了本书第一章与第三章中所谈的复杂系统视角。他以一个又一个的案例来说明，“时势造英雄”的同时也是“英雄造时势”，复杂系统的演化既需要细致地讨论制度逻辑，看到现有制度的有限性，也要看到个人的能动性，通过个人对制度的创新，以及人际关系的传播、动员，形成小团体的共同行动，进而在特定的网络结构条件下引领趋势，最后涌现能够因应外在环境变化的整体制度创新，从而让组织系统转型。这样，我们才能够针对组织的变革，从微观行动连接上宏观结果，有全面且深入的认识。

在最后一章，我们总结了复杂系统视角如何在组织管理中发挥作用，并指出中国人的“关系”、无为而治、阴阳相融、中庸、布局取势的思维，表明中国人天生就具有用复杂系统视角看问题的能力。这正是中国人的治理智慧，由此建立基业长青、能可持续发展的复杂系统管理学。

本书正是要介绍一个从复杂的哲学思维出发看待组织的方式——组织是一个对外开放的同时又是理性设计与自然发展并存的系统，并详述这样的系统观点的来龙去脉，如图 1.3 所示。

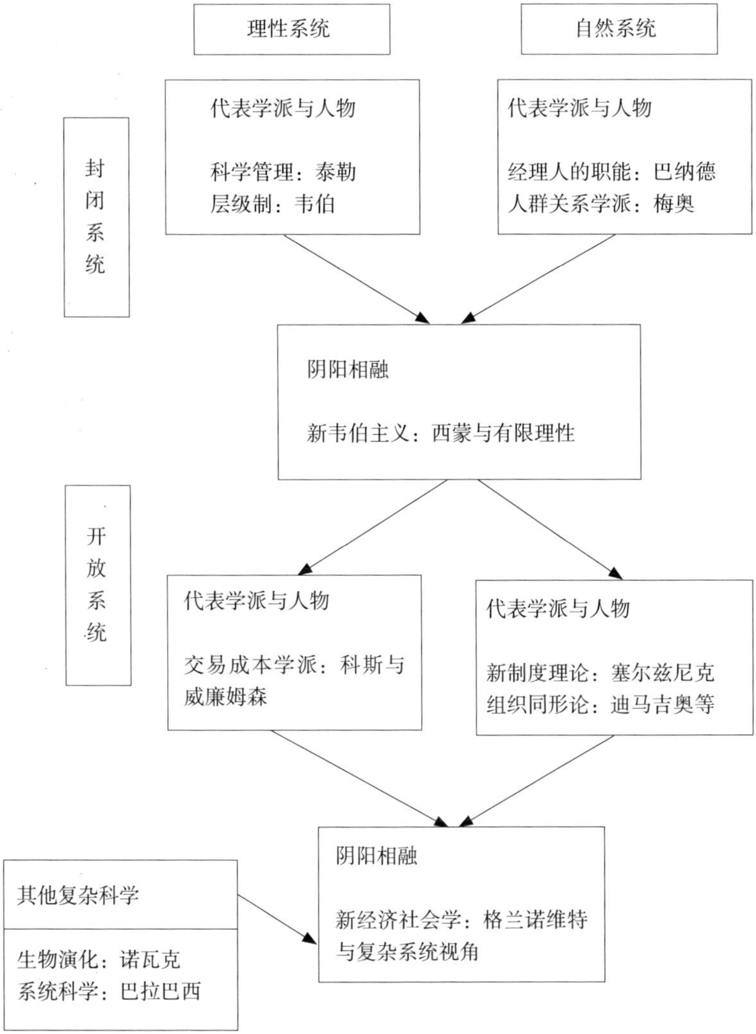
理性系统
自然系统
封闭系统
代表学派与人物
科学管理：泰勒
层级制：韦伯
代表学派与人物
经理人的职能：巴纳德
人群关系学派：梅奥
阴阳相融
新韦伯主义：西蒙与有限理性
开放系统
代表学派与人物
交易成本学派：科斯与威廉姆森
代表学派与人物
新制度理论：塞尔兹尼克
组织同形论：迪马吉奥等
其他复杂科学
生物演化：诺瓦克
系统科学：巴拉巴西
阴阳相融
新经济社会学：格兰诺维特与复杂系统视角

图 1.3　本书内容关系图

第二章

组织——一个复杂系统

组织在现代生活中无处不在。从物质生活上看，我们的吃穿用度同形形色色的组织息息相关；从精神生活上看，我们的思维方式被各类组织塑造。当然，组织并非仅存于现代社会，它是历史的产物，如古代的官僚组织和商业行会。我们通常难以意识到组织的存在，因为我们本身就处于不同的组织之中，比如公司、学校、医院、社区等。只有当我们发现自己的行为遭遇了阻碍，我们才会突然意识到组织这一庞然大物的存在。另外，正是因为身处组织之中，我们的思维模式被其塑造，所以我们难以察觉组织隐含的逻辑。由此，我们大体能够认识到组织的重要性：它既是人类社会存在的形式，也是人类思维模式的来源。

本书将回顾组织理论中各流派的核心思想，包括泰勒的科学管理、韦伯的层级制思想、巴纳德的协作系统理论、西蒙的有限理性、威廉姆森的交易成本理论和新制度主义、格兰诺维特的新经济社会学等。这些理论根植于组织的某些特性和视角，有助于我们理解“组织”这一现象。但这些组织理论也存在缺陷，本书将提供一次检视组织理论源起与变革的智识之旅。一方面，这一段旅程将带读者跳脱于组织的限制来发现各类组织的存在、源起和变迁；另一方面，在这一段旅途中，我们将强调复杂、系统和网络，提供一类全新的思维方式来看待组织与管理。

这种思考不仅有益于我们理解组织的产生和变迁，而且有助于我们更好地在生活中做决策。同样地，我们将会了解到组织理论中的核心观点是如何对立与融合的——这本身就反映出组织理论的不断发展。

一

定义组织

组织具有明确目的

我们对于组织的界定通常过于狭窄。我们对于组织的理解往往源于一些有明显层级化的企业。然而，组织不一定是层级型组织。虽然有的企业是完全的层级型组织，但是在今天，越是绩效卓著的企业就越会变成矩阵式组织、网络式组织、平台等。关于这一类组织的变革，本书会在后面的章节中做进一步分析。

组织存在的目的当然是分工与整合，但仅有这一个前提还不够。人类社会至少从农业文明开始就有组织。世界上最大的临时组织也可能具备分工和整合的要素，比如军队。我国战国时期，诸侯之间的战争可以在短时间之内就召集数十万人。长平之战，赵卒投降并被坑杀者即有 45 万，可见其动员与组织能力之强。更不用说前秦苻坚在淝水之战中动员军队号称“百万之众”。但这种组织是临时性的，长期性的组织才是我们要研究的对象。

那么，教会可以被视为一个组织吗？这是一个值得思考的问题。有的人或许认为，教众没有在各个方面都被纳入组织的管理过程，因而教众很难被视为组织成员。所以，这里引出了我们要讨论的第一个要点：**组织具有明确目的。**我们通常认为，教友、家人、街头群众和人民这类没有长期分工与整合关系的人不算组织的一部分。但是现代出现的政府组织，似乎凡事都在动员人民，等于把人民当作政府组织的延续。政府是一个组织，但国家、社会很难说是组织，因为一般的人民不会加入其中的一个分工体系之中。同样，为什么我们很少称家庭是一个组织？家庭是我们的避风港，是我们生活的地方，但是家庭不具备一个明确的目的，所以我们通常不会将其视为一个组织。

虽然组织无处不在，但是对于组织的界定，我们需要将“组织具有明确目的”当作一个基本的判定要素。也就是说，组织的分工和整合一定具备某些条件、针对一个目的，由此使组织得以有方向地运转。这个条件造就了最早的管理学，也就是我们能读到的那些最早发展起来的组织理论。

韦伯层级制的 5 个特征

马克斯·韦伯通常被视为组织社会学的鼻祖之一。他和泰勒与亨利·法约尔共同奠定了组织理论的基础。当然，韦伯本人或许并没有意识到这一点，因为他的研究视域远远超出了组织理论的范围。韦伯尝试回答了人类社会理性化带来的诸种后果，这一研究体系包括对宗教、经济、法律、政治制度等多方位的考察。其中最为关键的是他对层级制的分析。

官僚体系的层级制是韦伯研究的重点之一，其组织特性被他视为现代组织的典型范式。譬如，组织会按照一定的章程运转，它拥有明确的组织目标，其职位所属权力与个人所属权力是分离的，等等。因而，政府是一个重要的组织形式。在人类社会现代化的过程中，以政府为典型的层级制对其他组织产生了深远影响。这种层级制的主要特征体现在以下几点。

1. 正式规则

组织管理的权力建立在一整套为组织所有成员共同认可和严格履行的正式规则基础之上。这些规则有明确的规定，所有管理人员的活动都无一例外地受这套规则制约。这些规则是根据为完成组织目标和实现组织功能的需要而制定的，排除了任何个人情感因素。

2. 职能分工

组织权力在横向方面按职能分工，明确规定每个部门的职责、权限和任务，限定各自的管理范围，各负其责，各司其职，相互配合，不得推诿或越权。

3. 权力委托

组织权力在纵向方面按职位层层授权，明确规定每一个管理人员的权力和责任。职位的设立服从管理和效率的需要，不因人设位。每一位低层级的员工都要受到一个上级的监管，但是上级对下级的管制范围有严格的限制，并且下级官员拥有上诉的权力。处于中间职位的管理人员，既接受上级的指挥，又对下级实施管理。组织权力的分层形成了一个金字塔形的等级结构。

4. 产权分离

在组织管理范围内，部门及管理人员的关系均为公务关系。在处理组织事务时，应照章办事，不允许将私人关系掺杂在内，更不允许因私人关系而破坏组织的正式规则。

5. 考核任命

组织成员资格应通过正式考核获得，他们进入组织并占据一定职位的依据，是他们经由教育和训练所获得的专门知识和技能。除了最高领导者，所有的管理人员都是上级任命产生的，他们是专职的管理人员，领取固定的薪资。管理人员晋级有统一的标准，其薪资应与责任和工作能力相匹配。

当然，层级制的特征不止以上 5 点，但是上述 5 点最有效地归纳了韦伯的论述。尽管有时我们在生活中使用层级制时，主要指一种负面特征，我们斥其为“官僚主义”，总因其联想到权力的傲慢与差劲的服务，但实际上，层级制是人类社会中最广泛的一种组织模型，也是现代化社会中管理学的先声。莱因哈特·本迪克斯认为，“从历史角度看，层级制产生于早期身兼管理者身份的所有者所行使的日常例行职能的不断细分”。这种分析模型不仅加深了我们对于组织的理解，还为我们提供了一种方法论——“理想类型”，也就是一种制度在最不受复杂环境与演化过程的影响时，能展现出来的最纯粹的形式。层级制代表了行政的效率，因为这一组织形式最能够稳定地达成组织目标。许多个体不能做到的宏大项目，往往依托层级组织这一利维坦般的“庞然巨物”就能完成。

回溯历史，当我们将目光投向我国清朝政府时，我们可以发现，在清朝政府的薪水簿上能够获得俸禄的不过几万人。但考虑到当时中国存在近 4 亿人，这个官员数目就显得小了很多。然而如今的情况是：直接管理者与间接管理者合起来接近清朝的千倍之多，而被管理的人口数不过从 4 亿变成了 14 亿，这就是现代政府的特色——直接从事管理的人数巨量地增长。以往的组织是相对简单且较小的，而不断扩大并复杂化的层级组织标志着现代化组织的崛起。

分析到这里，我们是如何推进了对于“组织是什么”的认识的呢？在我们讲完了这段历史之后，是什么原因使得组织不再是我们刚才所讲的，可以随意地把人民囊括，或者是把教友囊括，或者是把家庭成员囊括的呢？我们发现，在这一过程中，组织内部存在制度化的章程。或者可以理解为，组织内部的成员为了分工与整合的目的有例行化的互动。在政府的案例中，公民就不能被视为组织的组成部分，因为公民个体和政府的互动不是制度化的，而政府内的行政官员则有稳定的工作，他们在持续不断地与组织产生互动。因而，我们在此提出第二个要点：**组织需要制度化的程序。**这种程序不仅是塑造认同的必要条件，而且它们能够强制性地规定组织成员的活动，使之呈现规律性的互动。虽然家庭能够满足“制度化”的要求，但是我们不能称其为一个组织。原因在于，家庭不存在明确的组织目的。承前所述，组织一定要有目的性。有目的才会把一群人整合在一起，然后基于这一目的展开分工，进行例行化的工作。同时，为了完成这一目的，组织需要长时间投入人力、物力与财力。所以，制度化的程序是不可或缺的，制度化保证了长时段的组织整合。

生活组织的逻辑

回想一下本书提到的关于教会、家庭和社会的讨论。根据组织这两个最关键的特性，社会中的公民、教会中的教友及家庭中的亲子就不能被纳入组织。比如家庭，其存在只为谋求成员的生存与幸福，简单来说，就是为了“活着”，进一步要活得好，活得幸福。除此之外不存在明确的其他目的。同理，尽管教众都会规律性地参加礼拜，参加宗教活动，但是他们不会被教会组织起来达成一个强制性的目的。唯一达成这一目的的是教会内部的神职人员。

同样地，我们的社会，乃至社区，或者说社群，都不是在这种组织制度基础上建立的，因为组织运作不只是一种偶发性的群体活动。拥有同样兴趣的个体会选择聚在一起：有的喜欢打牌，就会形成牌友圈；有的喜欢打麻将，就会形成麻将圈；热爱旅游的会搞一个旅游会。但是这些活动都不必然同制度化组织有关系。

近来，学术界时常讨论的“社区营造”即是一个将社区组织化的过程。我们可以看见各式各样的“社区营造”规划，其最终目的都是将以往松散的、偶发的活动组织化与制度化，只是现有的很多“社区营造”规划只在前期能够保证一些基本营造原则的安排，但往往流于形式。成功的“社区营造”正是需要将社区中的居民“激活”，让他们主动参与社区社会组织，这样才能使得“社区营造”能够自我维系。社区社会组织就是一个可能有着环保、治安、养老等各类使命的组织，社区则不是，它只是一群人生活的地方。但是我们总会认为这就是政府的事——“我的福利是政府的事”，“服务于我是政府的事”，或是“我们是被政府组织起来去服务社区的”。这种思维需要被革新，生活应当是自己的，一味被动地参与“营造”事业，只会给“社区营造”的组织化带来负面影响。所以，不同于被他人强制纳入组织的“他组织”过程，生活的逻辑是自我组织，成员要主动去追求幸福的生活。

生活的逻辑和组织的逻辑存在一定的含混之处。如果我们将生活本身视为一种目的，这样就扩大了组织目标的外延。生活本身可以归为一种目的：和自己的家庭成员生活在一起，男女结婚，然后组建家庭，他们为了更好的生活而有分工。但是我们对这种目的的定义太过宽泛。生活的逻辑和组织的逻辑最大的不同在于个体一定会希望家庭是生命的堡垒和港湾，家庭能够令人放松，让人休整。所以生活的逻辑是让个体放松的，但组织的逻辑是让个体紧张的。个体在组织中无时无刻不存在一种紧张感，这种紧张感是对于工作召唤的回应。在被严格定义的组织中，个体被置于组织的一个位置之上，被赋予明确的职能。一旦这个职能没有得到有效运转，整个组织就不能高效运转，因为在组织中没有多余的资源来让“冗员”生存下去，否则组织的效率就会大受影响。但是家庭不同，家庭成员的和谐相处往往比“制裁冗员”更重要。这就是组织逻辑和生活逻辑不同的地方。

在本书中，关于组织的讨论中存在中国与西方管理思想的本质差异。自古以来，中国人适应了一种“桃花源”式的思考方式。先秦古诗集《击壤歌》中就记述了这样一种安排明晰的生活：“日出而作，日入而息。凿井而饮，耕田而食。帝力于我何有哉！”这是中国人对于美好生活的一种向往，里面也存在一些职能安排的要素，却体现出生活的逻辑。中国与西方的管理思想的本质差异是不能忽略的。本书前言中讨论的中西方组织管理思想的对比，在《乌托邦》和《桃花源记》中可见一斑。在《乌托邦》中，不存在压迫和对抗，但却有一套基于信仰的完善的制度安排，人人“日出而作，日入而息”，集体礼拜，士农工商各安其分，各司其职，共同完成社会延续所需的分工合作。简单来说，就是这些价值和实践依赖于有效的组织，体现出组织的逻辑。而近现代宣传机器的发展、国家机器的建设、现代国家的成形，使得乌托邦由理想变为现实成为可能。反观《桃花源记》，我们见到的是无为而治，“黄发垂髫，并怡然自乐”，是一幅田园牧歌的景象，没有一个显在的组织过程，有的只是基于人伦的自然合作。所以可以看到，西方的文化理想是基于信仰、法治建立的组织逻辑，也就是“他组织”的理想社会；中国人的文化理想是人伦之美的生活逻辑，尊重的是“自组织”的法则。

组织管理的思想来自不同文明在历史长河中日积月累的思维沉淀。拥有不同文化与制度背景的大师，对于人性、社会和因果规律的假设也存在显著差异。最早的宗教或传说就开始对人类创世的来源有一系列假设。无论是“伏羲造人”，还是“亚当与夏娃”，都隐含了对世界的原始想象。基于这一“元预设”，随后衍生出一整套理论，再后来就创造了上千种文明。在文艺复兴、工业革命之后，人类对自然与社会的理解又深入了许多。但不同文化与制度的这种基本内核仍然像基因一样，嵌入在不同民族、国家的日常生活之中。

“乌托邦”是西方人对一切美好生活的定义，而“桃花源”是中国人对自己心目中美好社会的定义。但是在现实中，中国人在历史进程中的实践不可避免地还是要用“乌托邦”中的那一套：核心的代表不是男耕女织、男女分工，而是诸如团练[1]一类的组织。乱世之时，土匪横行，团练这种组织就突出了制度化分工与整合的重要性。中国的管理思想中存在一种复杂系统的视角，复杂系统的视角本身存在多种张力的相互平衡。中国历史上的政治制度，在中央是严格的如韦伯所揭示的层级体系，而在地方则是另一番景象——宗族乡绅的自治理模式。韦伯的“理想类型”为我们提供了有效的思维模型，理想的层级体制是由上而下的，而宗族乡绅的自组织和自治理则是由下而上的。二者如何相生相克，既交融又竞争？对于其真实情景，还需要更深入的分析。在现实生活中，没有一个组织的治理是僵硬的韦伯式层级模式，或埃莉诺·奥斯特罗姆的自组织、自治理模式，生活的逻辑和组织的逻辑在现实中总是产生了某种程度上的交融。

只是在不同时代、不同产业、不同文化中，或不同的组织目标之下，这两种逻辑有所偏重。越临近信息化时代，平台型企业就彰显出越强的影响力，其中自组织、自治理的成分就越重。脸书（Facebook）和阿里巴巴这些企业更加强调多业态的整合和生态系统战略的确立。越是互联网思维下的正式组织，就越是加入了生活的逻辑。所以，在组织原则里面，实际上没有一个组织是单一机制的。

---

① 团练指中国古代地方民兵制度。——编者注

二

组织是一个系统

前文讨论了组织定义的边界。我们发现，在对于什么是组织的分析中，潜在于组织制度安排之下的基本假设像基因一样为组织提供了活动的例行公事和适用范围。不同的理论往往有着不同的“基因”，由此提出一系列对人性与组织的预设。

组织理论预设

这一系列预设包括：

什么是理性？
人是否是理性的？
组织是否是理性的？

在组织理论中，我们通常讨论的理性是工具理性，同价值理性无关。价值理性指向了行动的终极价值，比如一些理想和信念。价值理性关乎个体实现行动的终极价值，而不需要关注在此过程中的投入。工具理性关乎个体在行动中的精确计算，计算由此展开的一系列活动如何既有效果又有效率地达成目标。那么，如何既有效果又有效率地达成组织目的呢？需要有分工，有整合。

最后，为了分工与整合，我们需要的是什么样的制度化安排呢？制度化需要权威，权威涉及组织内部的资源分配问题，所以还要问，权威从哪里来？如何在组织中使用权威？

上述讨论为我们厘清了组织研究中的重要预设，强调了正式化和组织目标在组织发展过程中的重要性。不同的流派与学者对于组织的定义只有细微差别，而他们做出这些问题的“元预设”则因为预设的不同，在组织制度与结构的“设计”上千差万别。我们可以看看一些学者关于组织的定义。

巴纳德认为，正式组织是有意识地协调两个以上的人的活动与力量的体系。

韦伯认为，正式组织的“理想类型”就是层级组织。层级组织是一种严密的、理性的组织，它具有熟练的专业活动、明确的权责划分、严格执行的规章制度、金字塔式的等级服从关系等特征。

西蒙认为，组织是互动的人群的集合，是一种具有集中协作功能的系统，而且它是这类系统中最大的。组织内部具有高度分化和协作的结构，由此使得组织成为一种社会学单位，就像生物学中的有机个体一样。

斯科特认为，组织的特征在于实现特定的目标，因而能被称为“正式组织”。

所以，多数学者都强调了组织的两个特征——组织目的和正式化。组织是拥有相对具体的目标追求的集体，参与者的活动和他们之间的协调都是为了达到特定目标。组织目标的具体化必须达到能明确阐明的程度。此外，组织内部的正式化程度需要达到这种程度：能够以明确的表述来约束个体的行为，使得角色之间关系的规定并不会因为具体占据这些位置的个体的不同个性而产生差异。但组织为了达成目标又必须先生存下来。所以为了可持续生存而有的生活逻辑不可避免地被渗透进组织，这正是组织复杂的根本原因。以上的定义主要源于理性系统视角，强调组织是寻求特定目标且具有高度正式化社会结构的集体。但在后面的章节中，我们会看到对这种视角的批判。

组织研究的视角与层次

尽管这些理论对组织定义都有相同的着重点，但背后的理论预设是存在差别的。在斯科特的分析中，已有的组织理论都能够被囊括进三种组织视角的视域中，包括理性的、自然的和开放系统的视角。查尔斯·佩罗在《复杂组织》一书中也表达了相近的看法。

理性系统视角认为组织是可以被设计、被有效管控的系统。在一个设计良好的命令体系、工作流程、制度规章之中，往往有着良好的奖惩机制就能够让组织成员产生分工与协作。

与之相反，自然系统视角更强调组织目标的复杂与变动，将组织视为系统中多种利益群体争夺资源和确立规章制度的一个场域。非正式关系或许也应在组织中占有一席之地。因而，在这种视角中，组织被视为内部存在多种参与主体的集体，同时被作为资源分配和制度安排的集体。在这种分析视角下，权力和关系的重要性是一样的。

最后一种视角与前两种视角存在根本上的差异。在前面两种视角中，组织被视为一个封闭系统内的集体，所有的规章制度和参与主体都是可以明确辨别的。但是在真实情景中，组织往往是一个开放的复杂系统。组织持续地与外界的资源、信息与人员产生互动，环境和组织也存在相互影响的关系。所以，斯科特认为，“组织与环境之间的区别往往是可转变的、模糊的和任意的”。开放系统的视角并不关心正式结构与非正式结构之间的区别，它更关注组织作为相互依赖的活动系统。在这个系统中，无论是正式的还是非正式的活动，只要能够保证组织的生存，就必须得到持续的激励。就此而言，组织内部的身份认同和规章制度同等重要，因为人员流动是不会停止的，但组织带来的认同却是相对稳定的。总而言之，开放系统将组织视为相互依赖的活动与人员、资源和信息流的集合，这种集合将不断变迁的参与者联系在一起，并且这些联系存在于更广泛的物质资源与制度环境之中。

尽管这些研究视角都存在缺陷，但我们不能轻易地认为近期的理论完全能够超越早期的理论。韦伯的层级制理论对于当下的政府行为仍然有充足的解释力。不同的视角可以勾勒出不同的组织形象。我们逐渐会意识到，“每一幅画像都既有独特的魅力，也带着各自的不足。每种描述都不乏真知灼见，也不缺少某种偏见”。研究视角的变化本身也是随着社会发展而产生的。我们很难想象在互联网技术兴起之前，我们就会谈论扁平化的组织模式。所以，在随后的章节中，针对每一个研究理论与视角，我们都会提及相关的历史背景。

另外，我们也认识到，组织研究不仅有不同的视角，更存在不同的研究层次。在微观层面，组织研究关注行为层面的组织现象。在早期的组织研究中，心理学对这一研究领域有主要的贡献。继之，在霍桑实验中，研究者发现了社会关系与非正式团体对于组织绩效的作用，社会学也加入了它的作用。在中观层面，组织研究讨论各类不尽相同的组织结构及其对组织后果的影响，因此近些年来，社会关系网络结构成了组织研究的重点。在宏观层面，我们可以探索生态层次的组织变迁。在种群生态学的研究中，我们可以看到，利基[①]与年龄效应对于组织发展的影响。这种研究途径更接近于先前讨论的开放系统视角，它关注各种组织生态环境及构成要素和组织之间的复杂关系。

综上所述，组织是一群人组成的系统，它是有目的的，为了完成目的而有了工作的分工与整合，而且会正式化其分工与整合的方法。但在一个复杂系统中，一方面，它有由上而下的理性设计及巨细靡遗的正式化制度，另一方面，它具有人们由

① 利基在生态学领域一般指生态位，指一个种群在生态系统中，在时间和空间上所占据的位置及其与相关种群之间的功能关系与作用。——编者注

下而上自组织出来的结构。同时，它在开放系统中，更是动态的、开放的，组织作为一个系统不断地和外界交换着信息、人员、资源，不断地自我调整以取得和外在环境的平衡。非正式的、动态的和开放的视角使组织理论更为丰富。复杂系统视角的管理理论正是由此而产生的。

第三章

复杂——新的思维方式

复杂，简单地说，就是反对化约主义。

化约主义认为，个体的线性加总就是总体，总体的分解就是个体。但复杂理论认为，个体的加总不等于总体，总体也不等于个体的简单相加。个体整合在一起时，除了个体的本质与行为，还有个体间的互动及互动形成的关系网络，网络结构与个体行动的共同演化就会由此“涌现”新的性质，所以总体在个体的加总之外拥有了一些新的东西。一加一大于二，也可能一加一小于二。

大中型组织或平台都是复杂系统。进一步说，社会、城市、国家也是复杂系统。如何管理关系、网络和这样的“涌现”现象，是系统管理者必须面对的重大议题。

一

拆解复杂

复杂视角 vs 化约主义

如何以复杂的观点看事物，尤其是社会性的事物，是本书要探讨的组织现象。

复杂系统视角要对抗的是学界过去形成的一种学术典范，以至于也成了很多人的思维典范，叫作“化约主义”，也就是还原论。还原论认为，集体是个体的加总。当我们无法研究宇宙的时候，我们就研究星体；当我们无法研究物质的时候，我们就研究分子。不了解分子就研究原子，不了解原子就研究粒子……越来越小。还原论试图通过不断地切割对象，来找到支配实物构成与规律的终极法则。而复杂系统视角则力图打破这样的思维，以系统作为研究的对象，创立新的理论框架体系和研究范式，应用新的思维模式来理解世界带给我们的问题。在某种意义上，复杂科学带来的是一场思维方式的变革，特别是在进入社科领域之后，社会网学派的兴起便是在复杂科学的思维框架之下进行的。简单地说，化约思维总把大集体的行动分解成小个体的行动，然后研究小个体的行为与动机，而忽略了个体与个体间是有关系的，关系会形成复杂网络结构。复杂系统视角就是要把这个网络结构找回来，和个体行动结合在一起做研究。

整体思维 vs 分析思维

分析思维的典型就是把一个东西细分，变成 A 和 B，紧接着做因果推论，若 A 则 B，那么因就是 A，果就是 B。复杂系统视角却告诉我们，总体是在个体加总的过程中出现的，而非个体加总本身。个体的网络及网络的结构，再加上个体行动的演化，会超越简单的因果分析，形成整个系统的非线性演化，这是一种整体思维。

好读历史的人天生具有复杂系统视角，他或许没办法做模型，做大数据，做算法，但是读完历史以后，他自然会有一个看远方与系统的眼光。所以，复杂的观点就是你如何用系统的、演化的眼光看事物，在系统中间看到“势”，而不是简单地在事与事之间找因果关系。看到“势”指的是看到“势”的兴起、“势”的演变、“势”的“拐点”，多元势力的纠结、多元势力的平衡，以及在“势”的纠结与平衡中涌现的系统转型。

动态思维 vs 静态思维

弗朗西斯·福山在《历史的终结及最后之人》一书中写道，苏联的解体就预示了开放市场的资本主义和民主政治的成功，这就是化约思维。在社会、政治、经济出现大难题时研究何种“主义”好，认为是何种制度的错，或是何种文化不好，都怪 ×× 传统留下来的包袱，等等。好像这些“主义”、制度、文化、传统都是静态不变的。而实际上，外在环境在变，这些“主义”、制度、文化、传统也在变，这是一个共同演化的过程。

复杂系统视角怎么看这个问题呢？格兰诺维特、佩吉特、鲍威尔、明茨伯格等人认为，苏联的解体是因为最主要的三个治理结构——政府、市场与社会——不平衡了。政府治理模式越来越强大，强大到压制了市场和社会的治理模式。中国人所谓的阴阳融合、相生相克的道理，也是这样的动态平衡、系统整体的思考。当一股力量强大到抑制了其他力量发展的时候，整个系统就要崩溃。成败不来自某种文化、体制、模式的静态形式，而来自它们有没有自我演化，以找到动态平衡和适应环境的能力。

可能有人又会说，福山不要高兴得太早，美国的商业力量强大到在消灭社会，控制白宫，迟早会出事的。果然没多久，金融海啸就来了。福山后来反悔了，他开始说，美国的模式不好了，大家去学丹麦。他非常在乎模式，美国模式、丹麦模式等，这些就是化约思维方式。

格兰诺维特及明茨伯格的思维，或者说复杂理论这个学派的思维，是动态的、平衡的。尽管资本主义模式是美国成功的核心要素之一，但是美国成立至今，几乎每 50 年就会有一次重大的社会、经济、政治的变化，每一次都能有效地获得平衡。在相当长的时间里，美国采用了社会主义体制中的大量优点，来保障它的社会系统不崩溃。每一种体制都有其道理。作为一个资本主义体制国家，美国最重要的是用了动态变化过程来平衡各方势力，最后得到良好的结果，防止社会失控。当然，信息时代的复杂社会来临了，全世界都在寻找新的治理社会的答案。

这两类学者的思维反映了复杂系统视角和化约主义思维核心的不同。

二

复杂的 4 个基本概念

复杂系统视角来自复杂系统的科学理论。简单地说，复杂系统视角就是我们要面对一个复杂社会系统提出一套治理机制的思维方式。它和我们过去的思维方式有哪些不同呢？我将其总结为 4 个关键概念：关系、圈子（或小团体）、自组织与复杂系统的演化。

第一，关系。关系是构成复杂系统最基本的元素。这里不是说个人的行为与动机不重要，而是说，除此之外，你还要去看你跟别人是什么关系。

第二，圈子（或小团体）。小团体是复杂系统的关键概念，而圈子又是中国人最主要的小团体形式，是社会学中的“社会团结”。最典型的代表就是知名人类学者许烺光说的，中国人是宗族式（Clan）的连带，或者说圈子式的连带。西方人更重俱乐部式（Club）或协会式的连带，他们的主要连带方式是平等会员制。圈子则是以个人（或一小群人）为中心的差序格局人脉网络，这便是中国特色。对复杂系统研究来讲，两种都是人群结合的方式。但在信息时代中，中国人这一套圈子式的社会连带方式变得越来越重要了。

第三，自组织。这是一种形式的治理模式，跟由上而下的层级制治理模式不一样，跟市场治理中多主体的自由交易模式也不一样。自组织的组织方式是基于亲情、友情、爱情的情感性关系，或共同兴趣、共同志业、共享记忆形成的认同性关系，而层级的主体是权力关系，市场的主体是交易关系。

第四，复杂系统的演化。复杂组织是系统的、动态的、演化的。过去的社会科学都在做因果推断，是常态性系统底下的线性演化或者线性因果，而复杂理论研究探索的是什么时候涌现重大新科学、新商业模式、新思潮、制度的变化、系统的转型等这类创新型的或颠覆型的系统转型。除了复杂系统的视角，现行因果的研究方式根本无从解决这类问题。

个人的行动从人际关系开始，共同演化出几十、几百人的小团体的网络结构与团体行为，这一网络结构与团体行为会进一步共同演化出数万人的社群结构与集体行为，又进一步共同演化出百万人级别的复杂网结构与集体行为……逐步涌现为一个大型系统的总体，以因应外围更大环境的变化。这是复杂理论要研究的主要问题。

凯文·凯利的《失控》一书正是在说明复杂系统中自组织的功能。这里不是说真的要失控，而是谈“控制之外”或“超越控制”。原有的一套治理机制，在治理理论中叫作“层级”，它的核心是由上而下形成的一套控制体系。失控的意思就是，这套体系在信息时代不是没用了，而是不够用了。

复杂系统视角从来没有说这套体系不重要，更没有说它失效了，只是在工业时代，这一治理机制的力量特别强大，但到信息时代，社会无法由上而下地被有效控制了，越来越多的由下而上的自组织带来了社会新秩序与治理新力量。

简单来讲，控制系统需要动态平衡。在信息社会，自我行动形成的圈子越多，就越需要《失控》里所描述的“蜂群思维”。

“蜂群思维”的第一个特质是，蜜蜂没有控制中心，蜂后并非一个英明的领导，她天天傻乎乎地等人家来服务于它。所有的工蜂是靠自己分工互相形成网络的，它们把一只蜂后从这个巢搬到那个巢，把日常需运作的系统运作得很好。

相比蜂群，人类社会绝对不会这么简单，并非只要有纯粹的自组织就能分工与整合，并维持良好秩序。人类永远会在市场、自组织和层级这三种治理模式中进行平衡，不断地在适应社会外围环境的发展中寻找演化。工业时代特别偏重层级治理，因为工业体制的特点是大规模生产、大规模消费、同质化。但在信息社会，人的个性更加鲜明，越是分众消费，越是个性化消费，越是个体决策，就越会分权，分权的结果就是形成各式各样的自组织式的治理模式。

“蜂群思维”的第二个特质是，次级系统具有自治的特质，彼此之间又高度相连。《失控》这本书从蜂群谈到了生物，再到机器人。一座工厂中，所有机器可以互相连接，互相校正，不再由人在那里操控一个中控系统，指挥几十台、上百台机器。这是工业 4.0[①] 的概念、物联网的概念。

① 工业 4.0 是指利用信息化技术促进产业变革。——编者注

"蜂群思维"的第三个特质是，系统中点与点之间的互动，通过整个系统的网络结构，形成了非线性的因果关系。这个结构会决定整个系统演化的过程。而自组织就是由下而上组成的子系统，其内部有分工协作，并且有着共同的工作目标，最后形成有效的自治理机制。

简单地说，用复杂系统视角看任何事物要包括以下思考。

（1）你看到一个事件，不能只看到与它相关的动机和行为。你不能只看到这个事件的前因后果，也不能只看到这些人的行为与动机，你还要看到你和其是什么关系，其背后有什么样的关系，这就是圈子。

（2）你需要思考的是你和他共同存在于一个什么样的庞大的社会关系网络中，这个网络分隔出了多少个圈子，你和他共处在多少个圈子中，又和他分别处在多少个对立的圈子中。

（3）在这些圈子中，有哪些已经形成了组织化的力量，可以推动整个系统的某些变化。这就牵涉了整张网络的结构问题，即自组织问题。

（4）复杂系统视角要求我们看网络结构。想想看，在这个网络结构中，你的圈子的枢纽点在哪里？整个系统结构的枢纽点在哪里？你跟这些枢纽点之间有什么样的关系？

（5）要看这张网络的结构演化。它在如何变化？哪些圈子形成了？哪些圈子消散了？哪些圈子在自组织出比较强大的力量？哪些枢纽点在消失？哪些枢纽点在崛起？你在这个过程中和它们之间的关系是什么？

（6）在看到了这些动态变化的过程之后，你就可以开始思考如何提前布局了。如果你是一个复杂系统的领导者，就要想着如何在系统动态的演化过程中进行调控。

一个系统领导者做到无为而治是高明的治理，但无为而治不是不做事，而是总以“四两拨千斤”的手法调控着系统的演化。什么时候放权？放在哪里？什么时候收权？边缘革新出现了，是好的还是坏的？让它怎么传播？传播到最后，你要做出决定，把这种创造的新基因体制化、结构化，形成新的系统。这都是系统领导者的定力、洞见。所谓中庸之道、无为而治、动态平衡，就是这个意思。高明的治理不见其着力之处，实际上，所有工作都是在它“四两拨千斤”的手法中完成的。

这就是我们现在看问题和原来不同的方式。我们称之为复杂系统视角，或是复杂思维。一方面，复杂系统视角是一种思考问题的智慧，练习它，就会扩展很多看问题的方式；另一方面，它开始有了十分科学的研究，可以靠着研究团队的深入分析，提供智慧判断的依据，尤其是和大数据、动态网、系统科学结合以后，它就不只是一种哲学智慧，更是可以扎扎实实做研究、建模型、提出预测的科学了。同时，本书最后一章会谈我们中国人的思维方式，以说明中国人自古在运用复杂系统视角上有其特长。

本书就是为了细述这样的视角在组织理论发展过程中如何博采众长而终于涌现，从而告诉组织领导者如何管理一个复杂系统。

三

动态平衡的思维

复杂系统视角不只是一个看问题、提出解决问题方法的思维方式，也是指导科学研究的一个新典范，由此可以形成社会科学的新理论，然后收集大数据，做验证。验证之后把数据变成算法，把算法变成模型，这个模型就可以做预测了。复杂系统视角和“第三条路”“文明的冲突”一样，都是十分犀利的观点。但它又和“第三条路”“文明的冲突”不同，因为它不只是对概念做出解释，它还可以和大数据结合，做算法，建模型，完成理论验证，并做出预测未来的动态演化模型。

系统领导者的 9 个视角

复杂系统视角的系统演化可被简单总结为以下几点，这是系统领导者看待复杂系统时应建立的视角。

第一，系统观。系统是演化的、动态的。

第二，网络观。看到系统背后的人际关系、圈子、网络结构与由下而上的自组织。

第三，整体观。你在看系统的时候，要同时看个体行为，也要看网络结构，注意行为与结构的共同演化。总体不是个体的加总，所以要看到加总过程中涌现的特质。

第四，阴阳相融。要看到系统中的多元力量，它们既相生也相克，我们要求其相生，而避其相克。不要总是以二元对立的分析思维看世界。

第五，要给自组织空间。要建立平台、生态系让系统自然生长，产生边缘创新，培育多元力量，丰富生态系统。

第六，要懂得判断是常态系统还是非常态系统。常态系统就要平衡多元力量，使之相生，并进共荣。非常态系统则表明原来的平衡被打破，系统必须转型。

第七，要懂得动态平衡。我们中国人称之为中庸之道。懂得之前放、之后收，左手收、右手放的道理。

第八，要在收放之间掌握"势"的"拐点"。多元力量相生时，系统成长会欣欣向荣；相克，则系统震荡，要寻求转型。这时要注意系统中"势"的"拐点"，因为"拐点"预示着系统中涌现了新的力量。

第九，要在多元势力的纠结中看出最有前景的边缘创新，看到涌现的系统转型。

智能时代的复杂系统视角

因为大数据与人工智能，我们过去只能用中庸之道的智慧洞悉社会与经济系统的复杂性，如今可以用各种大数据的算法来分析社会与经济系统复杂网的演化、涌现及转型。过去应用导向的大数据多半是做描述性统计，算相关，找出预测模型。但在当前的理论导向下的大数据研究中，我们可以开始分析个人图谱、系统结构与动态发展。通过一定的社会科学方法，可以用大数据计算人格、人脉、人力资本、社会资本这些社会性指标。如果更进一步，我们就能够预测未来的网络结构，找到相应的系统动态指标。

利用大数据，我们可以找到“拐点”，也可以找到“势”。什么东西？怎么扩张？将来会不会引领风潮？只要看它的网络扩张过程就可以预测它。一旦它变成了“势”，我们就要预测它的“拐点”。几股“势”交织在一起的时候，还要预测它是常态系统还是非常态系统。最后还要预测它会不会爆发新现象，学术的说法叫“涌现”。我们可以利用大数据建模、做预测，比如预测转型中的系统能够涌现什么崭新的东西。

总而言之，复杂系统视角因信息时代复杂社会的兴起而受到学界的重视，但它的发展却源远流长，在组织理论上更可以上推至 20 世纪 40 年代。它强调个体的加总不等于总体，还考虑到了个体间的互动及因互动结成的网络结构。复杂视角也认为，系统不是静态又两极对立的，我们一定要思考其多元性、动态性，在自组织的发展中让大量新生事物（革命性的新发明、新商业模式、新思潮、新制度等）涌现，在多元力量中找到动态平衡，并让经历“适者生存”的新生事物被挑选出来，从而改变和更新整个系统，系统才能“苟日新，日日新，又日新”，基业长青。

如前所述，中国的《桃花源记》及西方的《乌托邦》代表了不同的文化对美好社会的向往，不同的文化理想往往带来不同的制度安排，因此二者对于组织问题的回答也会是不一样的。西方组织与管理理论肇始于19世纪末到20世纪初，按照斯科特的说法，“关于组织的一般知识的理论探索和经验检验才形成一个学术领域”。而西方的思潮很快便注意到层级制在组织中的作用，在后续的研究中逐步加入了复杂系统视角，所以西方人很少对中国历史上的组织变迁给予有效的分析。在中国传统文化中，又几乎很少涉及对于“理性”这种纯粹概念的分析。中国文化存在一种整体性的分析模式。这是由于阴阳相融、相生相克、中庸之道的思维模式强调的是一种多要素均衡的观点，并非纯粹的因果机制的推理。

中国人的基因中自带三分复杂系统的视角，面对万物互联的时代，我们自有思想上的利器。

第四章

边缘创新

一

边缘创新的成功案例

复盘中国经济的转型

佩吉特与鲍威尔在《组织与市场的涌现》中的一章里指出，为什么中国能“摸着石头过河”，最后能从计划经济成功转型为市场经济，而苏联却不行？该书以复杂理论来分析各类创新和系统转型，提出了一个有趣的观点：苏联丧失了社会自我创新的能力，而中国不但有这样的能力，而且能够有效地驾驭这种能力。如今，在改革开放42周年之际，我们回想那段不断涌现新实验的岁月，有些是在规划中不断演化得来的，有些是偶发出现又得到政府支持的，它们一起带来了波澜壮阔的中国经济奇迹。荦荦大端，我在众多实验中选了一些具有代表性的，列举如下：

- 小岗村经验：农村农业的改革。

- 华西村经验：集体经济的改革。
- 义乌经验：民营经济的改革。
- 苏南经验：引入外资的改革。
- 深圳经验：特区规划的改革。

又比如，这些年，我国发起了社区治理创新。在社区治理上，2014 年民政部发布了《关于加强全国社区管理和服务创新实验区工作的意见》。2011 年至今，民政部先后确定了 83 个全国社区治理和服务创新实验区，以及 48 个全国农村社区治理实验区，探索符合我国特色的城乡社区治理模式。

从经济管理到社会管理，我们可以看到神州大地上总是活力无限地出现制度创新，这是如何做到的呢？

理解边缘创新

如上一章所言，复杂系统研究的最重要的议题之一就是对复杂网络结构的分析，自组织的过程涌现了重大边缘创新，包括技术、工作流程、商业模式的创新，也包括制度创新，从而促进了系统的演化及转型。这也是复杂系统管理最主要的问题。作为一个系统领导者，如何在外在高度不确定的环境中使这些过程发生，又能在一定程度上掌握这些进程的秩序，正是复杂系统视角下组织管理者最需要思考的问题。在这一章中，我们将讨论组织变革的涌现，以及创新是如何在网络的边缘位置逐步壮大，最终占据优势地位的。我们主要通过两篇研究来展现讨论的主题。

第一个讨论的主题——微小变革，取自普劳曼（Plowman）等人在 2007 年发表的文章《偶发剧变：微小变革的涌现和放大》。过去，我们讨论一家企业的兴衰往往是孤立地审视各种因素，包括内部的和外部的、结构性的与个人行为的因素。但是这篇文章与我们此前接触的都不一样——它拥有一个可供反复思考的理论框架。通过这篇文章，我们可以更深刻地理解一个组织的微小变化何以产生根本性变革。结合情境因素和放大效应，组织的根本性变革远比我们想象的复杂。

第二个讨论的主体——边缘创新，源于戴维·魁克哈特于 1997 年发表的《组织黏性与颠覆性创新的扩散》。颠覆性创新指的并非拥有外部更优或更劣价值的创新，创新实质上是被社会建构的。魁克哈特用随机模型的方法，模拟了创新可能存在的多种环境，并探索在何种环境下创新扩散能够最终掌控全局。他使用了一个重要概念——组织黏性——来测量组织中自由运动和观念交换与人员流动的程度。通过这两个研究，我们得以更深刻地理解变革与创新是如何产生及如何扩散的，也能理解创新存在哪些独特的演化路径。这对我们提出复杂系统管理之道有很深刻的启发。

二

微小变革：教堂案例

《偶发剧变：微小变革的涌现和放大》的故事核心是一座教堂。这座教堂在几十年前还是一个城中有钱人家做礼拜的奢华场所。然而，最近 50 年来，这座教堂逐渐衰落了，因为人们觉得城郊的教堂更有吸引力。一天晚上吃饭的时候，教堂里的几个年轻人正在讨论星期天早上为像他们这样不想参加传统教堂学校课程的人提供的替代方案。有人建议在星期天早上为路过教堂的无家可归的人提供热早餐，这个想法迅速被采纳了。五周后，这几个年轻人组成的自组织为路人提供了第一次早餐。在很短的时间内，教堂志愿者在星期天早上为 200 多名无家可归的人提供了食物。在第一次提供早餐后的几个月，一名医生志愿者选择退出食品服务队伍，开始与任何想讨论医疗服务的人见面，形成了另外一个自组织团队。

短时间内，作为星期天晨间计划的一部分，全方位的医疗、牙科和眼科问诊服务应运而生。几年之内，教堂的一个分拆出来的免税组织接受了市政府的拨款，为几千名无家可归的人提供一个“日间服务中心”，每年提供 2 万多顿饭。除了诊所，法律援助、职业培训、洗衣服务和淋浴设施都是最初的热早餐计划的一部分。无家可归的人纷纷开始加入教堂，并且做出自己的贡献，比如在唱诗班上唱歌，或是在礼拜仪式上做引导。

同时，在主要的礼拜仪式上，教堂内服装的规范性和参与者的多样性发生了巨大的变化，礼拜和音乐的风格也发生了变化。随着这些变化累积成一种既存的模式，教堂的使命就发生了变化。

看上去，教堂及其周边环境经历了根本性的变化，虽然这一变化最初是由一个简单的慈善行为引发的。归根结底，其原因是教堂工作人员在星期天早晨的无所事事。但是，我们要如何理解一个既没有预期也没有规划的，持续的、根本的变化最终出现的现象呢？这篇研究让我们理解了一个最初的微小变化（其最终结果是未预见的）是如何最终导致了根本的组织变革的。

4 类创新模式

晚近的研究已经阐释了在偶发的进程中如何产生根本性组织变革。根本性组织变革可以被称为“系统转型”，因为经历这种变革的组织从现有的方向中挣脱出来的过程，往往是在外在环境发生剧烈变化时，一个组织作为复杂社会系统的自适应过程。成功转型会让组织重获新生，否则组织可能危在旦夕。

与此同时，根本性的变革可能是随时间发生的一系列微小、微观的变化结果。然而，这类根本性变革在有关组织变革的文献中很少受到关注。根据普劳曼等人的观察，学者们对于一些微小的变化是如何及为什么会变为根本性变革的理解十分有限。

我们在上述教堂案例中所看到的一系列事件会使我们对根本性变革理论的理解有所改观。这些事件表明，根本性变革既不是纯粹偶然的，也不是计划好的，而是在一路自然变化的历程中有着多次选择，这就要求我们发展替代性的理论洞察力，以理解我们所观察到的情况。

幸运的是，复杂科学可以为这种变革类型的研究提供有益的理论框架。复杂系统视角下的组织管理学的四个中心思想——关系、小团体（在中国的主要形式是圈子）、自组织及复杂适应性——为理解这一问题提供了基本方向，使我们能够使用教堂案例生成一个关于根本性变革的理论框架，以理解如何在参与者没有明显意图的情况下，让一些微小的变化出现并最终演变成根本性变革。

普劳曼等人首先搭建了一套分析组织变革的比较框架，其中的差异主要由两方面特征决定，一是变革的幅度，二是变革的速度。变革的幅度主要是两类，包括收敛性的和根本性的；变革的速度则可以是渐进式的或革命式的。复杂科学理论强调系统内稳定状态的变化，因而某些微小变化可能会打破原来组织的稳定状态，最终导致出现全新的组织结构、任务流程和战略导向。按照研究者的观察，教堂最开始只服务于达官贵人，但它逐渐转向了为城市的边缘群体奔走呐喊。教堂的这种行为转变迅速吸引了当地媒体的注意。在这一案例中，我们没有见到通常组织变革所需要的一些关键变化，比如领导层的更迭或者是一场舆论危机。按照普劳曼等人的说法，“教堂的正式领导——教堂牧师——在早餐计划出现以前已经在此供职四年了”，这一场组织变革过程的发生仿佛悄无声息。

通过搭建组织变革的比较框架，普劳曼等人提供了对四种变革类型的分析。

在第一象限中，变革是持续性的，同时也是收敛性的。这种变革通常是对现有框架的微调，其动力是提供辅助以减少系统的不稳定性。一般而言，组织内部的参与者会根据辅助系统来调整自己的行为模式，对系统进行适应性调整。这是一个系统在常态下有效地使各类崛起的势力达到动态平衡的模式，即在图 1.2 中的左半边，这种适应变革的目的是使系统保持在常态中。

在第二象限中，变革是间断性的，同时也是收敛性的。这种变革是突然产生的，通常是一次重要事件的结果，最终它还是会回到常态中。一般而言，这种变革的结果就是一些新的结构或流程取代了现有的结构或流程。

在第三象限中，变革是间断性的，同时也是根本性的。在一般情况下，当系统中出现了重大事件时，这类变革就会迅速支配系统。按照研究者的看法，“在此象限中，变革以一种更加戏剧化、更彻底的方式存在，比如组织采取全新的战略、结构或者更换高层管理人员”，这有点儿类似“改革变革命”，它在有规划或偶发的变革中开始，却忽然走入了非常态，最后极有可能在不可控的情境下以“革命”形式完成系统转型。这里的“革命”就是系统的崩溃。系统崩溃下的乱局出现后，新的秩序会慢慢出现。

而第四象限正是复杂研究真正关注的研究重点，它是持续性的，同时也是根本性的。按照作者的理解，这类变革很少产生，但是这种微不足道的小调整会不断积累和放大，最终导致根本性变革。这正是在可控的过程中，让系统发生转型，并对外在新环境产生自适应性。因而，第四类变革可以被用来探索组织有序变革的方法，进一步识别这种小变化形成大变革的路径。这正是图 1.2 中从左半边到右半边的过程。在可控的发展中，旧系统被破坏，新系统顺利诞生。

这一观点同复杂理论相当接近：持续的微小变化最终导致了涌现现象——颠覆性的变革。尽管自然科学和社会科学面对的研究对象不同，但是两者仍然存在一些相通的深层逻辑。从原子到有机物，从有机物到生命体，再到人类社会，组织进化与系统变革都是广泛存在的现象。

教堂的变革并没有权力核心意志的强力执行，它依赖的反而是组织内部参与者的协同。正如物理学家赫尔曼·哈肯所言："组织可以被分为两类，一类是他组织，依靠的是外部指令，另一类是自组织，依靠的是系统内部某种共识性规则，进而能够各司其职，有条不紊。"

边缘创新的过程

回顾我们此前提及的复杂理论，我们能够进一步认识到教堂改革为何是一个推进对组织变革的理解的良好契机。复杂理论认为，一个复杂系统由大量相互作用的子元素构成。这些内部元素能够按照某些潜在的规则进行运动，同时接受外界反馈，并不断调整自己的行为。因而，这种特征决定了系统的变化往往是非线性的，是一些小变化的积累和组织各部门的正负反馈，以使创新涌现。创新传播并扩大，最后推动了全局性的根本变革。普劳曼等人援引了复杂理论的四个核心概念，包括初始环境、远离均衡状态、偏差放大、结构分形，来解释教堂变革。

1. 初始环境强调了组织对外界环境的敏感性，这种环境敏感性导致了组织对其未来预测的不准确性。因为微小的变化会不断地积累、串联，最终形成“蝴蝶效应”。不是每一只蝴蝶都能引发风暴，所以起始条件及演化过程都值得我们深思。

2. 远离均衡状态意味着系统引入新的信息，进而打破了此前的稳定状态，从常态进入非常态。耗散结构理论强调了这种变化是难以预期的，它也是系统内元素自发形成的。当组织均衡被打破，系统就会更加不稳定，更复杂的行为便会在组织中产生。一般而言，当组织成员拥有了足够的自主性去尝试新的行为，且他们的新发现使组织处于一种无序状态的边缘时，组织就接近远离均衡状态了。

3. 偏差放大意味着组织中存在着放大组织变化的正负反馈。偏差放大也是“蝴蝶效应”的动因，所以那些破坏系统稳定性的力量能够使组织往非线性的状态发展。小的变化就容易被其他行为放大，并最终出现未预见的根本性变革。

4. 结构分形意味着系统以不同程度的复杂性重复自身。系统的不同层次自组织出来的结构相似，但又并非完全相同，即局部或子系统和上一层的系统既有结构上的同形，但在社会系统中的不同层次间又有差异。自然界中的分形可被运用到组织研究中，即个体层次（微观层次）、团体层次（中观层次）和组织层次（组织研究的宏观层次，如在社会治理、国家治理研究中，社会、国家是宏观层次）的特征存在类似之处，在大致同形中却又有细微差异。

普劳曼等人通过对复杂科学理论的回顾，建立了自然科学和社会科学（主要是组织研究）分析框架的类似之处。所以，结合复杂科学理论和已有的组织变革理论，对根本性变革的研究可以获得新的进展。这一研究以案例的定性研究形式呈现，它拥有比定量研究更深刻的理论阐释。研究资料源于教堂相关人员——包括领导层、员工和志愿者，相关的文档资料，还有对星期天晨间早餐计划的亲历者的采访。

通过对数据和档案资料的分析，一条清晰的时间线就建立起来了。从 1974 年开始，教堂出现了最早的领导变动，紧随其后的是教堂出席率的下降和捐赠物的减少。1993 年，教堂有了新的动作，教堂中的一些成员成功任命更具活力的神职人员来挽救教堂。1995 年之后，教堂开始迎来新的转变，包括欢迎各类弱势群体，设立与年轻人共进晚餐的项目，这些人开始讨论星期天早餐计划。这些变化酝酿了所谓的“微小变化”。到 1999

年，微小变化真正出现——教堂开始向无家可归者提供免费餐饮。1999年之后，这一变化开始逐步被放大，其提供服务的范围变大了，受众变多了。更深刻的是教堂的礼拜方式产生了翻天覆地的变化，教堂的章程开始纳入这些先前未预见的变化。2001年，教堂从外界获得的资金进一步推动了这一系列变化的发生。领导层也放弃了早期传统的礼拜形式，开始在星期天早晨向无家可归者提供规律性的礼拜活动。2002—2005年，教堂中为边缘群体服务的部门产生了全新变化：各部门的规模扩大，筹集的资金逐步增多。

我们可以将复杂理论的框架引入，重新理解这一微小变化生成根本性变革的过程。按照当地人的解释，尽管教堂最初没有打算从根本上改变教堂的组织架构与服务种类，但是一个又一个小小的变化却引发了一连串的变革。为什么说最开始向无家可归者提供早餐的行为是“微小的”？研究者认为，因为这一行为并不需要占据大量的教堂资源，同时也不需要对其他项目或组织进行重组，它只是一种实验性的行为，没有人能够预料它后期可能产生的变化，它更没有一个固定的议程。

教堂向流浪者提供早餐的创意源于一次无意的谈话，教堂的牧师认可了志愿者们的创意，并将其命名为“爱心咖啡”。在第一个周末，这一项目让几十个无家可归者获益，他们吃上了可口的饭菜。随后，参与的人数不断上涨。可以看出，由于几十年来的城市扩大，中产阶级市郊化，以致城中心教堂的出席率下降而产生对外界环境的敏感性，而这种敏感性正是一个系统产生变动的初始条件，这也正是我们此前提及的“初始环境”。

促成边缘创新的机制

教堂远离均衡状态是四个因素作用的结果，包括组织不断的衰退、领导层变化、身份认同的困扰和正在发生的重大组织冲突。第一，由于教堂的出席人数和会员数量持续下滑，教堂无法保持同以前一样的组织架构、服务项目与流程，这是组织衰退的迹象。正如研究者所言，“大家开始纷纷尝试看似疯狂的举动以阻止滑坡趋势，这使得教堂开始远离均衡状态”。第二，领导层在组织衰退的过程中不断更迭。领导层的变动为组织打破常规提供了基础，虽然最后的微小变化并不来自领导层的设计。第三，随着教堂的衰退，教堂相关人员对自我的认识在不断变化，因为教堂开始更加具备多元性，吸纳了各类群体加入。第四，教堂内部存在不可忽视的冲突，即教堂与原捐赠方之间的斗争。教堂持续不断的冲突加强了系统内不稳定的力量，这使得系统不断远离均衡状态。各方力量正好为这些微小变化提供了正负反馈机制。

但仅有这些因素还不够——根本性变革还需要更深刻的“放大器”。在复杂理论中，由于个体之间存在互动，个体的行动会对他人产生影响。一个早期的变动可能在经过这种影响后形成一个积累的回路。正如研究者所言，“当两个人影响了系统中其他人的行动时，他们的行动和反馈就会被进一步放大”。在教堂的案例中，存在三类变化的“放大器”：第一，获取新资源以替代旧资源，并实现更多的变化；第二，通过语言强化变革行为；第三，使用符号和信号，强化教堂做出的承诺。教堂获取的资源通常是用以支持教堂活动的资金。当教堂获得了用以支持的资金时，它就会强化这一行为，为其赋予合法性。语言强化通常包括使用各类描述和报告来强化教堂成员对如星期天项目的认知。符号和信号则主要指突出变革过程中的某些标志性事件，比如教堂的某次行为可能会被当地的媒体报道，此后人们都会讨论这一报道。当然，这三种“放大器”还存在交互关系，它们能够相互加强。比如，当教堂在寻求来自市政府的资助时，教堂通常需要运用语言策略来阐述自己对这些资金的使用计划。

我们可以发现，这些放大行动效应深刻地影响了组织衰退的性质和水平，尽管教堂在前期承受了衰退的压力，有的员工和受众选择离开教堂另寻他处，更有捐赠的个人或团体拒绝继续捐赠，从而形成了负反馈。负反馈会使内部人员感受到这些变化带来的压抑。

但是教堂新的微小选择使得教堂重新成为当地的焦点，一系列正反馈也如期而至。按照研究者的理解，这些放大行动效应对教堂领导层的影响主要有两方面：一方面是教堂接受城市资源，这一行为将会反过来将教堂推到公众面前，最终让教堂领导层不得不更加重视新变化；另一方面是教堂设立了爱心收容部门，这使得外来人员可以同教堂领导层协商讨论项目的执行情况。当然，放大行动效应也提高了系统内的冲突水平，体现在教堂需要解决更多的问题，包括如何处理日益增多的无家可归者、来自内部的质疑和其他外部利益相关方的责难。最初的冲突促成了组织的变化，也使得创新出现。当教堂逐一解决这些问题时，其所提出的解决方案也成了变革的一部分，最终推进根本性变革的到来。更重要的是，我们应当看到这一案例中教堂所处的环境与正负反馈因素之间的互动。

总而言之，教堂案例为我们理解根本性的渐进变革路径提供了有益的范本。为什么这样一篇貌似与商业无关的论文可以获得组织管理研究领域相关学者的一致赞誉，并获得美国管理学界的年度论文奖？其原因在于它结合了复杂理论，用教堂的组织变革阐释了系统内的一个微小扰动如何串联其他变化，并结合放大效应，了解系统领导者在每一次变化中做出的路径选择，最终演变为一场根本性变革。我们需要理解组织管理者是如何结合正反馈和负反馈不断调整自己的组织架构、活动流程和战略选择的。组织管理者将系统维持在无序与有序的均衡点上，在无序中不断涌现创新，又能有序使此演化“放而不乱”。按照这篇文章的核心思想，当组织进入非常态时，小的扰动更可能与其他调整结合，并不断积累以产生根本性变革，让组织最终转型。

三

颠覆性创新

核心 vs 边缘

颠覆性创新，尤其是制度创新和商业模式创新，都不会发生在组织的“核心”。我们在这一章称之为“边缘创新”。所谓“核心”，就是功能上的要害部门：地理上最接近总部的地方（对一个散布广大的组织而言），主要现金流产生的部门（对一家营利性企业而言），以及和组织的长期目标、愿景与行为规范相关的部门。“边缘”就是与这些无关的部门，理由是多种多样的。

核心部门在系统进入非常态时更需要稳定，否则剧烈的创新和创新传播会使整个系统不稳定。上述普劳曼等人说的第三象限中的既是间断性的又是根本性的变革带来的系统转型，就可能肇因于整个系统在几次震荡后的解体。

核心部门往往会被边缘部门包围，所以它们离外界环境较远。复杂系统自适应的变革往往起始于外在环境的剧烈变化，拥有自组织能力的边缘“细胞”们往往能最快感应这样的变化，也有自适应、自发展的能力去提出对应的创新方案。变革的需求传导到中枢往往时间长、力道弱，所以核心部门不容易引起重大创新。

当然，核心部门也欠缺变革的动机。核心部门往往较容易从边缘汲取资源，所以在外在环境变化中，它可能会因加速汲取资源而能够生存，这反而促使边缘要加速创新因应外在变化以获得更多资源以支持生存。

被研究最多的则是颠覆性创新产生的环境。一般来说，核心部门往往是原来系统的枢纽，在这里“保守”的想法（原来系统的主流想法）较盛行，太“出格”的创新则很容易在“一傅众咻”之下夭折。所以颠覆性创新往往产生于“保守”思想较弱的地方，但这地方又不能太孤立，以至于创新传不出去，所以更需要一个良好的复杂系统网结构。这种结构既能保护颠覆性创新在一段时间内的发展，又能鼓励它在一段时间后传播出去，让不同的创新形成“跑马机制”。魁克哈特的论文就曾试着去描述这样的创新过程。

新思想、新技术与新管理实践往往通过组织或社会系统中存在的关系来实现传播。当然，以往的研究已经对创新扩散有了充足的阐释，但是对于社会结构如何影响创新扩散的阐释仍然缺乏。一些学者对于社会网结构与创新扩散的研究为魁克哈特提供了推进的基础，比如科尔曼对处方药的使用的扩散与药剂师的社会关系网络的研究，以及格兰诺维特的“门槛模型”。“门槛”的意思是，个体对于某种新思想的接受可能取决于他周围人的喜好。当一个人周围的许多人都倾向于某种观点时，他才愿意支持这种观点，那么他的门槛就是高的；当一个人周围很少有人倾向于某种观点，他却愿意支持这种观点，那么他的门槛就是低的。采用这一研究路径的学者，一般会视个体行动为关系结构的函数。建基在前述的这些研究之上，魁克哈特选择计算机模拟作为研究的路径，以探索这样一些问题：为什么一些创新得以在社会系统中成功实现并扩散，而另外一些不能？具备怎样的条件才能够满足创新扩散的需要？

边缘创新的传播

魁克哈特对创新进行了一番界定。在他看来，“创新本身是构想出来的”。也就是说，行动者会因为他认为某个想法足够好而选择接受它。所以，魁克哈特认为创新扩散就是一个让人们接受某种想法或观念的过程。现实中存在三种创新类型。

1. 因为内在价值而被理性选择的创新。
2. 价值明显低于现状的创新。任何有知识或有经验的人接触这种创新后，很快就会抛弃它，因为它明显次于现状。
3. 价值不能够被清晰意识到的创新。一般需要复杂的社会化过程来评判它。这种创新扩散依赖于个体之间的关系结构。

从本质上看，前两种创新依赖于理性选择，是个体不需要依赖他人就可以进行评估的创新。第三种则比较复杂，我们所讨论的颠覆性创新、边缘创新就属于此类。因为外在环境的剧变，所以评估一个创新是不是好的，其中充满了不确定性，它需要试错的过程。按照魁克哈特的解释：“这些创新是通过动态的社会过程来评价的，在这个过程中，人们相互影响，以确定它们的‘真正’价值，以及它们是否应该被采纳。”这些创新与“理性的”创新在性质上是不同的，因为潜在的采用者在面对不同的社会力量（包括一方的支持者和另一方的批评者）时，他们的思想可能会反复改变。

为了完成依靠计算机的随机模拟研究，魁克哈特首先提出了理论框架和假设。借用“行动者模型”，他设定了创新扩散域中的两类行动者——创新接受者和非接受者。通过迭代的方法，魁克哈特得到了大量可供检验的模拟结果。复杂理论强调系统的非线性演化过程，所以传统的定性或定量研究往往不能把握系统转变的阈值。创新扩散研究也是同理——单纯对扩散过程的回溯无法穷尽其他可能存在但已经错过的情形。所以与普劳曼等人的研究不同，魁克哈特没有选择实证材料作为支撑，而是选择了计算机模拟的研究方法。尽管社会科学界对于这一研究方法持保留态度，但是它的优点是显而易见的——可以充分穷尽可能的结果。

因此，魁克哈特提出了“组织黏性”的概念。所谓“组织黏性”，即个体的一种倾向——倾向于在自己的小团体中搜寻志同道合的人而保持相互影响。在一个小团体中，如果接受者的比例超过了观念转化的阈限，那么接受创新者会最终掌控整个小团体；反之，整个小团体又会重回“守旧”模式。接着，魁克哈特又发展了一个概念——流动性指数，它规定了一个大组织系统中诸多小团体间相互交流的频繁程度。小团体之间的流动非常重要，因为流动可以为每一个小团体的现状带来转机。接下来，魁克哈特提出了计算机模拟的具体规则和步骤，包括个体在组织内团体之间的迁移和观点转化的概率计算。

研究结果揭示了几个重要发现。

第一，组织黏性比个体特征具有更强的影响力。甚至变动一点点的组织黏性，创新就无法实现有效扩散，一个小创新接受者最终也将被彻底清除。当组织黏性处于很低的一个阈值（比如组织黏性指标为 0~0.08）时，会出现“多稳态”现象，即创新接受者和非接受者共存，谁都不能改变对方。当组织黏性处在 0.08~0.16 时，创新接受者将会统治一个个小团体，进而统治整个组织系统。当组织黏性过高时，创新又无法扩散了，“一傅众咻”的情况就发生了。

所以，创新扩散仅仅是一个小概率事件。在狭窄的组织黏性窗口中，创新需要把握住机会窗口，才有可能突破现有局面。结合转化率和组织黏性，我们会发现，转化率对于组织黏性有调节作用，即更高的转化率可以扩大创新扩散成功的窗口期。其中的道理显而易见：更高的转化率意味着个体对外界变动更加敏感，更愿意接受创新。创新在乐于接受新鲜事物的环境中更有可能存活下来。

第二，“边缘统治”。在模拟结果中，魁克哈特发现，位于组织边缘的小团体能够提高创新扩散的机会窗口，而位于组织中心位置的小团体会降低扩散的可能性，这就是上述的核心部门“一傅众咻”的现象。也就是说，如果发生创新的小团体位于复杂系统的网络结构外围，而不是位于结构的中心，则创新更有可能成功地扩散到整个组织。

这一发现给我们提供了怎样的启示？创新成功与否当然与创新的本质有关，如果创新能够显而易见地提高生产率或者资源利用率，那么创新可以依赖这种最优的特质获得成功。但是大多数创新的优点并非如此明晰，尤其是颠覆性创新、制度创新、商业模式创新等，其中一定会有很多反对者。它们对外在挑战的回应是否成功，也十分不确定，往往需要一个社会化过程来实现评估。这就是上述的正负反馈过程。如果这种创新一开始就是在复杂网络中的核心位置被提出，那么它“死亡”的可能性就会很大。因为掣肘太多，核心部门关系网络过于密集，四方杂音太多，重大创新受到太多质疑，就很难生存下来。但是，当创新最开始位于边缘位置，再辅以合适的组织黏性，以及小团体间的流动性（这往往要求产业生态环境适于创新），扩散就可能产生。

边缘创新的案例广泛存在于商业世界中。比如，为什么苹果公司的 iPhone（苹果手机）能够在 2007—2010 年成功转变手机产业的审美风格和生产标准？苹果公司原先并不是手机产业的巨擘，而是一个后来者。它并没有处于索尼、诺基亚、三星等手机厂商构成的网络核心位置，而是逐步占据高地。索尼、诺基亚、三星等厂商不能做出颠覆性创新的根源在于它们会受到更强的既有行业标准和竞争压力的约束。

大量的创新实际上源于新创企业，原因就在于它们所处的产业网络位置保证了它们处于有益的边缘位置。一个系统领导者要好好思考如何保持良好的系统网络结构，只有拥有适当的结构特质、组织黏性和小团体间的流动性指标才能为颠覆性创新创造潜在的机会窗口。

边缘位置能够为这些新创企业提供更高的冗余度，允许它们在一定范围内试错，并不断地对产品和服务进行创新并推广。颠覆性创新往往不是来自核心部门的任务执行，而是源于自下而上的自组织的思维碰撞。

总结上述两个理论，回想一下瓦丁顿关于胚胎发育坡的比喻，外围环境改变就好像大势隆起，鼓励自组织创造边缘创新使得创新传播过程中的内部、外部正负反馈如大势中的大石向下滚落。大势不可逆，但我们可以选择这堆大石滚落的路径。如何使得小创新变成大变革？如何选择能适应外在变化的路径，这考验着系统领导者的智慧。

四

系统领导者该如何做？

那么，核心部门的负责人，也就是系统领导者，什么事都不做，只等着边缘创新出现，能解决外在环境的挑战吗？

显然不是这样的。如果系统领导者不作为或做错事，很可能的结果有如下几种。

1. 根本没有边缘创新发生，系统变得死寂，变成一个超稳定的“恐龙”型结构，看似大而吓人，却可能经不起环境变化而被淘汰。
2. 没能做好正确的调控，使剧烈的创新无序地颠覆了整个系统，造成系统崩溃。
3. 没铺下良好的系统网络，使良好的边缘创新发生了却传播不出去，只在一些小团体内流转，对系统无多裨益。系统不免逐渐走向落后。
4. 在众多的创新中选错了创新的模式，最后还是无法适应外在的变化，或是反而加速了系统的崩溃。

那么，系统领导者该如何做?

尽管普劳曼等人的文章发表距今已超十年，但是它仍标志着重大新理论的崛起。尽管它是一篇定性研究，但它是非常优秀的反化约主义的组织研究。教堂案例的背景是美国不同阶层生活方式的变化。20 世纪 60 年代，美国中产阶级的生活就出现了市郊化，搬到市中心的往往是一些黑人家庭。教堂核心会员的来源怎么办？传统的高级白领不再是市中心教堂仰仗的群体，其业务基础出现了巨大转变。组织当然可以不变，但是它无法阻止周边环境发生变化。这就好比尽管恐龙称霸陆地 1.6 亿年，但它们依然不能逆转随着环境变动而迅速灭绝的命运。市中心的教堂在 20 世纪 80 年代必须转变传统的服务形式，让除美国中产阶级之外的少数族裔来做弥撒。教堂过去依靠美国中产家庭捐助，而如今，黑人逐渐成了教堂的参与主体。尽管有的教堂拒不转型，但大多数教堂选择了顺势而为。所以我们会注意到，几乎所有的慈善组织都在同一时期有同样的经历。所有的慈善组织都会面对一个矛盾：自己究竟是保持初衷做好慈善，还是以宣传管理为主拿到资源。何以平衡这一对矛盾？任何一个慈善组织想要成功，其管理层一定要能平衡这两个目标。总结这个案例，我们可以看到，系统领导者做到了一些事情。

- 放权——让自组织产生。
- 独立的局部——开放的实验区，让创新有被孕育的环境，不会“一傅众咻”。
- 创新——一定出自边缘，并能得到培育与鼓励。
- 连接——使产生创新的小团体“重新接入”系统的复杂网，使之能够传播。
- 行动动机——鼓励创新者有胜出动机，并让诸多创新展开竞争。
- 正负反馈——创新的“放大器”，有效调控可以使负反馈砥砺创新，使正反馈传播创新。
- 开放精英（Open elite）——佩吉特与鲍威尔提出来的概念，系统领导者要包容不稳定性和多元力量。

- 跑马机制——要有一套机制针对众多创新做出正确的选择。
- 转折——创造性破坏，在系统已远离平衡态时，加速旧系统的退位，使系统更平顺地转型。

现在我们再来看看第一节中谈到的案例。一直是水滴石穿的努力在演化中一次又一次地让系统平顺转型。这种变革就类似我们所讨论的教堂案例，在其中我们可以看到系统领导者所扮演的重要角色。

- 开放精英——对多元与边缘创新的包容。
- 正确的顶层设计指明边缘创新的方向——使所有边缘创新有方向，也有行为的底线。
- 有效地激发“边缘部门”的创新活力——授权使边缘部门有创新的自由。
- 良好的战略定力——让创新实验有充分的时间成长。
- 创造适于创新传播的社会结构——使各种创新能有效传播，也有效相互竞争。
- 正确地总结各类创新实验的成果——良好的评估方式使正确的创新能被选出来。
- 有效地将成功实验推广到全系统——使系统转型较平顺也较快速地完成。

在最后一章中，我们可以看到，中国人强调的“无为而治”正是这样的复杂系统视角下的管理思维。只是“无为”之前要大有作为。当然，这样的“作为”不再只是简单的流程、规章、命令系统下的控制，而是“控制之外”或“超越控制”，做到“控制”与“自组织”的平衡。

所以，具有复杂系统管理智慧的领导，一手能“放”，是开放精英，他视组织为一个自然而然成长的系统；一手又能“收”，在必要的关键时间与情境下出手，保持组织在巨变中的稳定性，展现出组织可以进行理性设计的一面。

我们将在后文介绍这样的复杂系统管理学的来龙去脉。我们先从理性设计的思维谈起。

第五章

阳——理性系统的管理

一

泰勒：理性化组织的崛起

人类进入工业革命之后，大规模的组织形态兴起了。现代官僚组织和企业组织都在这一阶段蓬勃发展。“利维坦”的概念是托马斯·霍布斯提出的，他指出，只有在强有力的由上而下的管制下，社会才能达到秩序井然。这个概念在19世纪空前流行，其背后的根源就在于人们开始意识到庞大的组织能够超越个体，实现其所不能实现的目标。工业革命带来了机器生产的繁盛，也带来了人类思维的巨大变革。“机器”开始成为一个崭新且无往不胜的隐喻。“机器”是“完美”的代名词——通过有关部件的有序组合，最大化产出。组织也在这样的隐喻下，如同设计精巧的机器一般，能够最大化个体的劳动能力，为厂商带来最高的效率。在19世纪末的德国，企业集团兴起了，它开始垄断制造业的生产和经营活动。20世纪初期，托拉斯席卷了美国。学者们不禁去思考，19世纪末、20世纪初的企业形态究竟受到何种因素影响，在短短几十年内彻底改变了人类社会的经济活动。

按照韦伯的解释，理性化主宰了现代社会的经济活动。一般而言，我们这里使用的“理性”一词在本书讨论的范畴内已如第二章中所述，专指工具理性，也就是为了最有效率地达成某种预设目标，而以某种方式组织起来的一系列活动的逻辑。在这一过程中，成本-收益的核算是关键的环节。早期的组织理论家受到理性化的影响，希望通过为组织设定一系列标准（标准是理性化的一个重要内容），来最大化效率。同时，组织的目标必须是明确的，组织的目标可以为组织的日常行为提供方向，其他一系列组织规章制度和标准设定都是围绕目标而来的。在诸多早期倡导理性的组织理论家中，泰勒是造成影响较深远的一位泰斗。本章将围绕泰勒与韦伯的组织理论展开，结合历史案例讨论组织理性的内涵和有效边界。

组织是一个工作流程系统

泰勒出生于19世纪中期的美国东北部新英格兰地区。他从小接受了完备的教育，于1874年进入哈佛大学学习法律。之后因患病使他不能继续哈佛的学业，他转而进入费城的一家模具厂当学徒，后来转入一家钢铁公司当工人。泰勒在工作中喜欢观察工厂的各类生产活动，这为他后来建立科学管理理论打下了基础。由于天资过人，他在短时间内就完成从工人、车间管理员、专业技师到管理者的跃升。

在钢铁公司任职期间，泰勒进行了一系列关于劳动时间和效率的实验。他并不满足于职务的升迁，而是把目光投入科学研究。在“金属切削实验”中，他通过实验与观察，制定了一系列生产标准来提高工人的生产效率，包括工人应当如何操作车床和钻床，如何使用切割刀具，等等。通过这一系列标准的设定，泰勒为钢铁公司节省了大量成本。在泰勒离开米德维尔钢铁厂之后，他受到伯利恒钢铁公司股东沃顿的邀请，在该公司担任管理顾问。在这里，沃顿召集了甘特等人协助泰勒进行管理咨询。泰勒进一步将自己的管理思考拓展到实际生产中。1911 年，泰勒成功出版了自己的第一本专著——《科学管理原理》。在这本书中，泰勒不仅仅谈及管理技术层面的操作，还论及更深刻的思想层面。当然，泰勒在推行自己的科学管理制的过程中也遭遇了许多阻碍。首先就是他在美国陆军军械部的咨询遭遇。由于科学管理极大地提高了生产效率，工人们都害怕这会导致就业机会的缩减。工会领导对泰勒有明显的敌意。于是，这种偏袒工会的工作氛围导致美国国会发布了关于凡是在政府资助的企业中不得使用泰勒制的法案。此后，泰勒还参与了多家公司的生产标准实验，涉及的行业横跨造纸业、机器制造业和材料行业。在实践中，泰勒深化了对于科学管理的认识。

泰勒对以往管理方法的首要批判重点在于广泛存在的“磨洋工”现象。在他看来，以往的生产方式并不鼓励高效率的工作表现。工业进步的早期阶段，工人们和管理者都不能正确理解效率的内涵。尤其是工人，他们会假想效率会带来一系列可怕的后果。泰勒看到：

> 如果一个工人尽量做足一个达到最高限度的活计的工作日，他就会遭到他的同伙们的辱骂，其程度甚至比他在运动场上显得“懦弱”还厉害。

工人有意拖慢工作进度的原因有三个：其一，工人们认为，如果个体或者机器增加了产出效率，就会导致更多人失去原本的工作机会；其二，工厂主采取有缺陷的管理制度，这就庇护了工人，让他们能够最大化保证自身的利益而损害整体效率；其三，各个行业存在一种制度上的路径依赖，人们没有主动反思效率提升的问题，这导致工人浪费了自身的大多数劳动。泰勒从经济学的角度反驳了这些现象。他认为，提高效率进而提高单位产出能够扩大市场，进一步扩大社会的物质需求，最终会增加而非减少就业机会。另外，如果不改变制度约束，企业就会一直沿用以往的管理和生产方式，从而导致对效率的损害。

由此，泰勒对工作场所中的工时进行了研究。工时研究关注单位时间内工作流程的设定。泰勒结合自己在伯利恒钢铁公司的顾问经验，认为生产最核心的就是“那些构成每个工人的基础动作的程序”。在伯利恒钢铁公司，原有的生铁搬运小组可以在常规条件下搬运大概12吨的物资。而在泰勒的改革下，这些小组可以在规定时间内使工作效率提高几倍。通常而言，泰勒会首先选择一个效率标杆。这一效率标杆通常是工作中的杰出工人，他能够在短时间内娴熟地完成工作。泰勒在观察这一工人的过程中会拆解工人的动作要领，用秒表准确记录其一天的工作情况。在工作标杆的基础上，泰勒还会运用科学管理的方法设计适合大多数工人的工作流程、动作技巧与要领。更重要的是，这些工作操作程序必须要标准化，同时要容易让大多数工人理解并运用。为了避免工人抵触，泰勒强调：

> 在这些实验中，我们并不想去探索一个人在一次短促突击或者三两天中最多能做多少工作，我们所研究的是在一整个劳动日里，一名头等工人工作的实际构成是什么，即一名工人能够年复一年地完成一个劳动日的最佳工作量，下班后同样可以保持旺盛的精力。

在泰勒看来，他没有因最大化工人的单位产出而不顾工人自身的情况。他的思考主要在于：先标准化工人的工作流程，主要包括工作的内容、顺序，适用的工具与动作要领；然后是删去和改良不必要的工作内容。他不希望自己的科学管理被视为阻碍工人休息的“洪水猛兽”。在工作流程标准化的基础上，泰勒进一步推动了工人的职业化培训。在泰勒看来，职业培训对应的是工人，标准化对应的是工作流程。在完成对工人的初步培训之后，泰勒引进了指示卡制度，要求领班指导工人理解指示卡上对工人工作的要求，比如在什么时间使用什么工具，以及以何种姿势使用这种工具。

组织的形式化

在完成了标准化和职业培训的制度建设之后，泰勒引入了差别计件工资制。在泰勒引入科学管理制度之前，传统的工业生产不存在差别计件制度。在原有的工资制度设计中，为了保证工资的平均分配，管理者会压低超过要求的单位工资。泰勒为了将激励深入工人的内心，强调工人必须多劳才能多得。差额计件是提高效率的保障，在泰勒看来，这种制度是标准化操作的制度提升。如果缺少一种内化的工作激励，员工仍然不会调整自身的工作习惯，还是会保持同以往一样的懒散习惯。

科学管理还有一部分重要内容是成本会计法。泰勒在为斯蒂尔电机公司工作时掌握了会计的基本法则。他随后将会计引入科学管理——公司的成本会计应当被纳入调整公司项目进度和管理工作中。根据成本会计的计算，公司可以更好地掌握目前的企业现状，压缩不必要的开支，调整企业架构和业务导向。

如此看来，泰勒无非是强调了企业的形式化。标准的工作流程、生产行为和管理规则就是为企业形成形式化奠定的基础。斯科特认为：

> 标准化、规范化、形式化能使行为变得更为确定，形式

使团体中的每个成员能够更加稳定地预测其他成员在特定条件下的行为。这种稳定预期是对社会团体的行为后果进行思考的重要前提。

泰勒通过将企业视为理性运转的机器，对其实施标准化和形式化的改进，确保了企业能够最大限度地按照明确的分工实现效率的最大化。谢尔顿·沃林认为：

方法，就像组织一样，是软弱人类的救星，是对人性弱点的补偿，是使得凡夫俗子能超越其局限的手段。组织通过简化和规范化过程，消除了人们对卓越才能的需求，它是以“平凡的人”为基础的。

此外，泰勒看到了形式化对人类生产力的巨大促进作用。没有形式化，人类就只能长久地处于低效生产的前现代社会。形式化就如同一张准确描绘效率生产的蓝图，任何管理者都无法视而不见。泰勒的理论提供了对于企业标准化生产的一般性思考。

但是泰勒没有针对组织的理性形式进行更深入的理论探讨，而马克斯·韦伯针对这一问题提供了更多的见解。

二

韦伯：层级制的理论缘起

组织是层级命令系统

马克斯·韦伯的学术贡献绝不仅仅局限于组织理论。众所周知，韦伯可谓社会科学的鼻祖之一，这些学科包括社会学、政治学、法学等。韦伯创建了社会学的诠释主义传统，他强调运用社会学的方法来分析社会行动。社会行动的概念包含一般的管理学行为，因而韦伯也在“无意”间创造了自己的管理学理论。

韦伯的组织理论脱胎于19世纪工业革命时期，这与他自身的成长经历不无关系。韦伯于1864年出生在一个典型的德国知识分子家庭，父亲是典型的政治家，母亲则是一个虔诚的新教教徒。韦伯在年轻时桀骜不驯，易冲动，甚至上过决斗场。在韦伯进入海德堡大学学习法律的时候，这位日后的理论家还对学术研究不太感兴趣。当他在服完一年的兵役之后，再次回到“象牙塔”中时，他才对社会科学研究产生了极大的热忱。韦伯于1889年完成了关于论中世纪贸易交往的博士论文，随后又凭借论述罗马地权史的论文取得了大学教职。两年以后，韦伯搬去了弗莱堡，并于1896年再次回到海德堡大学担任教授。

尽管我们如今能够看到的韦伯的著作卷帙浩繁，但他本人的学术生涯充满了坎坷。韦伯同自己的父亲存在隔阂，对自己的母亲又充满同情。韦伯的父亲在政治上倾向于立宪派，他是一个典型的资产阶级政治家。在韦伯眼里，父亲就是一个陈旧帝国的缩影，“沉溺于迷失，崇尚自我满足式的自由放任主义”。韦伯的人生选择是清醒且克制的，这种父子之间的性格差异为双方带来了难以忽视的冲突，同时也让韦伯患上了神经官能症。

韦伯的一生除了短暂的戎装生涯，都是在大学中度过的。这种环境也给韦伯的理论带来了明显的思维底色——艰深繁复。韦伯并没有关注某一家或者某一类企业的历史发展，而是把目光投向了人类文明的整体进程。韦伯首先选择从社会行动中建构自己的理论大厦。

> 为了社会学的目的，并不存在“行动”的集体个性这样一种东西。当社会学系统里涉及一个国家、一个民族、一家公司、一个家庭、一支军队或者其他类似的集体时，它所意味的只是单个个体的现实的或可能的社会行动的某种发展。

韦伯认为，研究者可以通过一种与行动者的移情联系去理解社会行动。就算不能通过访谈的方法理解个体对自身行动的说明和评价，也可以通过重新设想行动者面临的特定情境下的选择与受到的强制来理解为什么他们走了这样一条路。韦伯由此论及社会行动的几种纯粹的类型：工具理性的、价值理性的、传统的和情感的。这种分类并不是说任何一个社会行动都应当归属在某一种类型里，它属于不同程度的混合。

工具理性指的是个体通过精确计算利益的方法并以最有效的方式达成目的。价值理性同个体的价值信念有关——为了达成某种理想目标，个体会不计手段和后果地去行动。价值理性有时又与宗教相关，韦伯借此来解释理性资本主义的诞生——新教伦理改变了个体的思想观念，进一步改变了其工作伦理，结合其他因素（现代会计制度、法律制度、货币与财政制度等）最终使得资本主义产生。韦伯对组织和制度的研究主要落在西方的领主式封建制度和基督教制度上。他尝试从西方的制度演化中寻求一种对资本主义发展路径的诠释性的回答。在韦伯那里，封建制度具有为资本主义诞生提供前提的功能，这种功能普遍建立在契约之上。这种制度不是现代理性的化身，而需要从宗教切入，提供改变个体日常行为的指引。在资本主义产生之后，无限扩张的工具理性就替代了新教的教义，对现代人实现了“反噬”，创造了所谓的“铁笼”。

层级制就是工具理性的表现。韦伯运用了“理想类型”的思维方法，建构了层级制的模型。他结合了历史上的各种层级制变体，总结出了层级制具有的一系列一般化特征，这包括：刻板的阶层和官吏的等级制度，对工作手册教条式的运用，凭功劳和资历的提升，对文件和情报的严格控制，等等。韦伯认为：

> 充分发展了的层级制结构与其他组织结构相比，正如机械化与非机械化生产方式相比。精确、果断、汇编的知识，连续、谨慎、统一、严格的服从，摩擦的减少及人力、物力消耗的降低，这些都在层级制管理中达到了登峰造极的地步。

在韦伯这里，层级制就是工具理性的完美代表：通过精确的成本-收益计算、完美的组织结构形式化和执行过程达成组织目标。在韦伯看来，层级制

> 越是发展得完善，就越是“非人性的”，便越能成功地在行政事务中排除爱、恨和其他所有属于个人的、非理性的，以及未经深思熟虑的情感因素。

可见，韦伯讨论了形式化对组织的作用，并认为权威类型同组织形式也存在密切关系。按照他的分类，存在三种不同的权威类型。

传统型权威——其基础是对古老传统的神圣不可侵犯，以及在风俗规范下保障权威合法性的坚定信念。

法理型权威——对法则模型的“合法化”和在此法则下提升权威发号施令的权力的信念。

魅力型权威——对个体特定和特别的神性、英雄主义或典范的憧憬，从而产生对他的命令的尊崇。

在权威类型的基础上，韦伯认为，传统型和魅力型权威不能适应现代社会的诸多要求，只有法理型权威才能适应现代管理机构的长期稳定的发展需求。在最近的几个世纪中，尤其是在西方社会中，传统结构正在逐步让位于法理结构，这在“近代国家”和“最先进的资本主义制度下”尤为明显，因为它们有着“优于其他任何组织形式的技术优势”。在社会巨变时期，魅力型权威会产生巨大的影响力，传统型和法理型权威会被视为施加影响的阻碍。但是无论如何，只有法理型权威能够满足现代管理的要求，正如本迪克斯所言：

> 从历史角度看，层级制可以被解释为功能的日益细分。在（传统的）[①] 企业中，这些功能都是由其拥有者在日常生活中亲自使用的。

层级制的组织原则

当然，这些功能包括监督企业运转、人员招募、记账、做决策等。组织形式化将这些功能拆解，并制定了一套适于所有人执行的规则标准。层级制中的权威源于法理，组织中的职位

---

① 此处为本书作者加注。

或者行为的功能也都是为了维系组织的存在。结合法理型权威的定义，韦伯对正式组织提出了以下定义：

组织参与者有明确且固定的分工。

参与者都有明确的等级。

存在指导所有参与者行为的规章制度。

公私财产分离。

规律性的考核。

成本-收益核算。

组织拥有明确的目标。

通过进一步分析，我们可以看到，韦伯尝试归纳出一套界定层级制组织的“理想类型”模型。一般而言，组织拥有形式化的结构，并且这种结构是可以随时得到确定的。在形式化的条件以外，组织还需要有目标。目标是组织参与者行动的指引。在韦伯的层级制理论中，每个要素都被视为解决早期行政体系问题或者缺陷的办法。在这个组织中，每个要素都需要同其他要素结合来产生影响。韦伯用“理性”来阐释组织形式化的现象，他强调这种法理形式能够为组织参与者提供更稳定和更可预料的管理结构。层级制在此就仿佛一种具有精密结构，从而拥有某种特定功能的机器。层级制组织追求的是通过稳定的分工与合作来谋求效率。因此斯科特认为，对于理想的层级制的理解，应该把其与传统型权威的行政结构进行比较，其中主要的差异在以下几点。

1. 对管辖权的范围予以清晰的划分。把个人的常规行为划分在职务责任的范围内。传统型权威结构（指涉前层级制的组织）则相反，劳动分工并非固定的或常规的，而是依赖于领导所布置的任务。这一任务可能随时会发生变化。

2. 公司的组织遵循层级制原则。每个相对低级别的职员都受高级别职员的控制和监督。但高级别职员对低级别职员进行管理的权力范围是有限的，同时低级别职员也有申诉权。传统型权威结构的形式则相反，其权力关系更为分散，因为传统制度的权威是建立在向个人效忠的基础上的，并不是一种清楚的层级秩序。

3. 有特意建立的一般规则体系，以知道和控制职员的决策和行为。这些规章是相对稳定和完整的，而且容易被记住。所有决策都被记录在文件中。在传统型权威体系中，管理的一般规范要么不存在，要么只是粗略地被提到，含糊地被定义，并且随着领导者的意志而任意改变，没有任何文本用来记录和保存事物。

4. 生产或管理的手段，譬如工具和设备，或者权力和特权，都归属于公司，而不是公司的所有者，且它们不能被滥用。私人财产与公司财产及工作场所和居住场所被清楚地区分开来。这种区分在传统的行政体系中并不存在，因为人们很难分清领导者的私人财产和在他控制下的更广泛的大众或集体财产。

5. 在技术资格的基础上挑选职员（与具体的个体无关）和指派职位（而不是选择产生），并发给职员薪水。在更为传统的行政体系中，职员通常是在那些与领导者有私下的依赖关系的人中被选出来，譬如奴隶、农奴、亲戚。这种选择是由单一的标准指导的，并且以封地的形式作为报偿，认可个人权力，譬如允许他们进入统治阶层，或者给予他们土地，使他们能从中获取赋税。封地就像封建体系中的采邑，它是世袭的，有时候还可以被买卖。

6. 组织的雇员制度为职员建构职业。职员是全职的雇员，他希望在组织中有一个长久的职业。在一段试用期后，他获得了一定职位的任期，不受任意解雇的威胁。在传统的体系中，职员的工作完全取决于领导者的喜好，所以，他们对未来和职位的长期安全没有期盼。

从工具理性的角度看，层级制就是现代社会中最合理的管理手段。

三

对理性化组织的批判

作为组织理论的起点，泰勒和韦伯指出并描绘了正式组织及其形式化的重要性。查尔斯·佩罗为我们总结了韦伯的层级制思想，可以用以下 7 点概括：

1. 平等化，即平等对待所有员工。
2. 专业化，即组织依赖于专门知识、技术与职位相关的经验。
3. 非私有化，即没有职位特权。该职位及相关资源属于组织，而非员工个人。员工不能将其用于个人目的。
4. 标准化，即存在工作和产出的一套特定标准。
5. 文件化，即拥有关于工作与产出的文档记录。
6. 规则化，即建立并执行服务于组织利益的章程与规定。
7. 合约化，即认识到规章制度对经理和雇员都有约束力，因此管理人员也要遵守雇佣合同的各项条款。

理性的层级制组织推崇价值中立，追求的是工具理性。按照韦伯的层级制理论，依据这种价值理念设计的组织容易演化为利用工具理性，排斥价值理性，只寻求程序与形式的工具，而忽略创造性。对形式合理性的追求，往往会让目的与手段的重要性对调，导致出现繁文缛节。这也正是“官僚主义”一词的由来。知名的韦伯研究专家沃尔夫冈·蒙森认为，

> 资本主义的进一步发展不可避免地与效率更高的官僚制的兴起相联系，以及与以更加理性化的方式组织社会各个层次的交往活动相联系。

韦伯认识到，这个过程最终可能导致出现“新的奴役铁

笼”。在这个铁笼中，各种以价值为取向的社会行为会被威力巨大的层级制结构阻碍，会被形式理性化的法律和制度的牢固网络扼杀，个人没有任何反抗的可能性。

佩罗对韦伯层级制思想的批判也总结了后世学者对韦伯的理论的反思。

第一，层级制组织充满着流程、规章与工作守则，制度的僵硬性会使组织不灵活、不变通，命令系统更会压抑员工的个性与创造力。当然，这种批评也反证了层级制的效率——所有组织员工被绑在一个目标之前，全力以赴，这使层级组织能够像嵌合良好的机器一般完成分工与整合，以保证稳定性和可预测性。

第二，层级制组织可能会阻碍员工的自主性、自由度和自我价值的实现。最终，员工无法拥有自己提供的服务或者生产的产品，这对他们的积极性是一种巨大的打击。另外，对一些需要长期投入才能掌握职业技能的工作，层级制往往提供不了足够的激励。如果设立“黄金降落伞”给特定人员（比如首席执行官即使是因为经营不善而离职，他仍可以分得可观的股票），则又会扭曲这些人的行为，对组织更加不利。佩罗认为，这种看法实际上也是对层级制的苛责，因为真正需要怪罪的是占有权力的精英阶层，是他们掌握了层级制，而不是层级制支配了他们。

佩罗认为，更重要的批判应当是：层级制成了一种掩盖收权的手段。这个观点并不新鲜。早在20世纪初期，罗伯特·米歇尔斯就指出，官僚主义必然会造成权力的集中，最终产生一个没有限制的精英集团。层级制是一种社会工具，这种工具能够使多数人依照流程、规章办事。但一定有少数领导要做决策，他们不能受制度的限制，这样就把少数人的权力合法化了，这往往会带来组织内以权谋私和贪腐问题。

第三，在层级制中，制度常常是“代罪羔羊”。事情总是照制度走，所以办事人员就不愿负责，总是将问题推给制度，“谁在负责”成了层级制最大的问题。

当然，我们也无法因为层级制的诸多弊端就简单粗暴地将其放弃。层级制理论比我们想象的要复杂。

尽管在今天来看，韦伯的理论过于僵化，但是在当时的历史环境中看，其理论仍然具有划时代意义。当人类刚从充满迷雾的前现代社会中走出来时，一切不确定的因素都被视为阻碍人类进步而需要被清除的。层级制作为一种理性的和有效率的管理体系，极大地推动了现代资本主义的发展。从实践上看，层级制可以满足工业时代的生产需求，它拥有许多优势，包括精确性、标准性、可操作性等。从文化层面看，层级制所代表的形式化 / 非人格化的特征满足了科学革命发生以来的文化认同。

韦伯与泰勒不一样的地方在于：第一，韦伯把形式化组织的问题置于人类文明进程的位置上进行分析，这使得韦伯对正式组织的理解更加深刻，深入理性的类型学分析，而非局限于工业化生产方式和工作流程。第二，韦伯强调了现代组织的权威来源，这构成了现代管理理论的基础之一。同时，他强调了组织的目的性。由此看来，韦伯为现代组织刻画了一幅全景图。

但是，泰勒和韦伯都同样触及了正式组织的效率问题。工业革命产生了对生产效率的极致追求，泰勒的科学管理制和韦伯的层级制伴随着产业界中的福特主义大大推动了第二次工业革命的进程。第一次工业革命带给我们蒸汽机、纺织机、轮船，推动了贸易的全球化，使得全球市场需求持续扩张。但那时工厂的最大规模也就是五百人左右。第二次工业革命带给我们内燃机、汽车、飞机、家电等，这为现代产业提供了基础，而这个时代的生产组织，比如通用汽车与通用电气，在“二战”前后已可达 40 万人的规模，这让我们见证了泰勒式科学管理与韦伯的层级化管理的威力。早期工业发展对效率的需求使得正式的层级组织被奉为圭臬，泰勒对科学管理的崇尚更反映了这种迷思。

然而，这样的组织理想模型追求效率却失去了弹性，带来了齐一却失去了创意。尽管我们已经看到了那时也有具有弹性的矩阵式组织或网络式组织，但是这些组织在早期工业生产时代是绝对不会被赞颂的。

接下来，我们应当了解泰勒与韦伯的组织理论中的治理逻辑。按照这两位理论家的理解，组织的治理就是命令的传达，就是由上而下的命令过程。经过了成千上万年的自然演化，人类终于认识到组织形式化能够最大限度地减少命令传达过程中的偏误。为什么我们现在很少谈及层级制或者科学管理？因为这些理论和概念已经成为我们认为不需要进行讨论的常识。在

19 世纪末期和 20 世纪初期，早期工业产品不需要太多现在宣扬的个性化定制或者包含太多创造性的元素，只需要进行大规模和标准化的生产以满足人们的基本需求。因而，正式的层级组织是最适合生产标准化工业产品的组织类型。

但是，没有一个组织的治理能够完全依赖这种僵硬的治理机制。很多组织内部存在分散的、基于情感和认同的权威关系，这与组织的功能关系产生了部分抵触。我们应当看到，随着产业时代的变动，权威关系和治理逻辑也应当产生相应的变化，但这并不意味着泰勒和韦伯的理论已经过时。我们千万不要认为组织都是僵硬的或者都是灵活的，我们要看到产业的深层逻辑。尤其到近代，进入信息化时代，我们讲平台型企业执行的是生态系统战略，实际上没有一个组织实行的是单一的治理机制，因时代和环境的不同，应该将不同的治理机制组合使用。

理性系统视角下的组织理论与工业革命的历史存在紧密联系。但有阳便有阴，理性化组织带来好处的同时，它的弊病也是显而易见的。随着产业发展要求的变革，有的学者认为过多强调纯粹理性的正式组织会忽视影响组织发展的其他因素。我们将在下一章继续讨论这一问题。

第六章

阴——自然系统的管理

在前面的章节中，我们讨论了理性的、形式化的组织的理想模型及相关学者的分析。但是这一理论思路逐渐被发现有重大的缺陷——缺少对非理性因素的考察。彼得·布劳认为：

> 根据纯粹的理性技术标准来管理社会组织是非理性的，因为它忽视了社会行为的非理性方面。

按照此前韦伯和泰勒的理解，组织就是一个能够按照既定目标去完美执行的集合体，其特征在于目标的具体化和组织的形式化。然而，有的学者认为组织的执行过程并非如此一帆风顺，而是充满了复杂性。

斯科特认为，组织目标具有复杂性。第一，设计好的目标和组织所寻求的实际目标是存在差距的，即官方声称的目标与组织实际去达成的目标是有差别的。第二，组织除了要达成设定的目标，还需要做到自我延续。所有的组织，除了主要目标，还必须有另一个目标——生存，即寻求支持并自我延续。当然，这些分析还不足以契合复杂系统视角，它们仍然将组织视为一台纯粹的机器，认为它没有个人情感和内部关系。然而秉持自然系统视角的学者们却认为，组织不只是一个达成既定目标的工具，它还是一个在特定环境中适应并努力生存下来的社会团体。古尔德纳就提出：

> 根据这种模型，组织一直在努力生存并维持平衡，这种努力可能会在其成功地达到既定目标之后依然持续。这种生存的压力，有时候甚至会使组织忽略或改变既定目标。

斯科特接下来的观点更进一步，他不仅考虑了组织延续生存的压力，还考虑了现有的组织模型的搭建是否存在问题。

> 对于组织的生存本能，有两种阐释方法。第一种较为详尽，认为组织是以满足生存需要为特征的社会体系。另一种观点认为，传统的分析过于拟人化，组织并不一定要为其集合体自身设定一个生存目标，有一些参与者关注组织的生存就足够了。这种关注的根源来自权力、资源、威望或者欢愉。

这种思路关注了组织内部人的因素。既然组织是由人组成的，那么它就不可避免地带有人的特征。米歇尔斯就提出过“寡头统治铁律”，他认为组织最终将落入少数领导团体的手中。既然组织是由人领导的，那么组织就会从一种手段变为一种目的。“机构和地位”在开始时只是为了保证组织的良好运转，包括服从的行为、个体成员间和睦协作的行为、等级关系的行为、处置权和产权的行为等，但它们最终却超越了组织机器的效率问题，其自我延续成了最重要的因素。尼尔斯·布伦森强调了理性系统与自然系统的视角差别，他认为前者注重规范结构，后者注重行为结构。因而，对行为动机的考量就成了关键。

尽管这些理论阐释略为抽象，但它们为我们提供了看待组织的新眼光。我们在日常生活中，很少见到不带情感的员工，也不会见到完美运转的企业。在企业中，广泛存在的是各式各样的小圈子、人情交换、“办公室政治”等。当然，员工也不一定真正按照组织设定的目标去工作，“阳奉阴违”或“不着边际”的情况比比皆是。“磨洋工”“拖延症”“相互扯皮”就是对这种“掉链子”现象的最佳表述。在本章中，我们将讨论关注组织内非正式结构与人际关系的理论，重点考察组织参与者的行为动机及人际互动。这一章将围绕乔治·埃尔顿·梅奥和切斯特·巴纳德的组织理论展开，讨论非正式结构的实质影响。

一

组织：协作系统

巴纳德的洞见

对组织的理性系统模型打出第一枪的是巴纳德。与此前的理论家们不同，巴纳德和泰勒一样，是工业界中的一个实践家。

1886年，他出生在美国东北部马萨诸塞州的普通工人家庭。少年时期的他不喜欢体育运动，反而对哲学思辨类的书籍情有独钟。1906年，聪慧的巴纳德成功地考上哈佛大学，主修经济学。他因为在预科阶段放弃了自然科学和数学的学习，因而无法参加哈佛大学要求的自然科学考试，最终没有拿到学士学位。离开哈佛大学以后，巴纳德进入美国电话电报公司（AT&T）工作。因为工作能力突出，能够协调大量的电话业务，他在“一战”结束后被任命为宾夕法尼亚贝尔公司的副总裁，并最终成为总裁。此后，巴纳德根据自己在美国电话电报公司的工作经历与反思写成了《经理人员的职能》一书。

巴纳德的观点主要强调组织在本质上是一个协作体系。巴纳德认为，“组织是存在于有意识的、有意图的、有目的的人之间的一种协作”。他在《经理人员的职能》中指出：

> 最初看来，组织内部的沟通要素似乎只是部分与权威相关。但经过更深入的思考就可以看出，沟通、权威、具体化和目标被包含在协作的各个方面。所有交流都与目标的确定和为行为制定的协作规定的传递有关。

在巴纳德看来，如果组织内部的沟通协作不顺畅的话，参与者就不能被有效地整合进组织中。其中更重要的是权威的合法性能够建立在自下而上的基础之上。尽管大多数时候，上级宣称自己拥有合法性，但如果没有下级的服从，这种合法性就是无效的。

从这个意义上讲，非正式组织就有存在的必要。因而，这种分析思路仍然带有我们提到过的理性系统视角的理论色彩，只不过巴纳德对非正式组织的功能和形式也进行了阐释。巴纳德突出了组织内部非物质、非正式的部分，以及人际关系及道德的基础。非正式组织有助于沟通，以及维持凝聚力，并且它支持员工积极参与工作的意愿，同时能保持权威。在巴纳德看来，非正式组织是一种整合组织内员工和经理层的有效工具。他认为：

> 管理责任的独特标志就是管理不仅需要遵从复杂的道德规范，而且需要为其他人创立道德规范，其中最能得到公认的方面是保障、创造和激发组织中的“士气”，也就是将观念、基本态度、忠诚灌输到组织或协作体系中，引导进客观权威体系中，这样就可以让个人利益和个人规范从属于整个协作体系的利益。

巴纳德的观点使得我们去重新审视领导力的问题。这个问题其实非常复杂，领导层需要有一个专业的人力资源部门为员工入职、员工培训、员工职业生涯规划等提供服务。在现代企业中，经理层往往没有那么多时间来完成自下而上的权威构建，所以把大多数事情交给了人力资源部门。

当然，现在也存在一些不同的管理方法，比如北京清华长庚医院和各家传统的三甲医院的管理制度就有所不同。北京清华长庚医院完全采用了主诊医师负责制，这不同于以往的科室主任负责制，每个病人都是一个病例，每个病例由哪位主诊医生负责，他就要跟踪负责到底。因而，这就产生了一个个虚拟团队。如果这种病还比较复杂，就还要会诊，从内科、外科、放射科借来医生，成为一个虚拟团队，一起为一个病例负责到底。将绩效追踪到个人似乎是很合理的方法，但在医疗改革以前，多数传统的医院制度都是科室主任负责制，也就是一个科室所有病例的成与败都采用“大锅饭”制度，由集体承担，再由主任分配功与过。尽管我们平常或许看不到这个制度的绩效影响，但它为什么还会成为医院持续采用的制度，甚至还可以不断地发展呢？实际上，这代表一些角色。这个以科室主任为中心形成的人脉圈子有时就像一台机器的润滑油，有着十分特别的功能。需要强调的是，组织能够协作的根源有许多，并且适合不同类型的组织目标，主诊医师负责或主任负责是不同的协作方法。

巴纳德特别提出实现协作的重要条件就是将愿景以一种“润物细无声”的方式灌输给组织参与者。巴纳德因此提出“组织人”的概念，也就是一个非理性的人，不会因为“胡萝卜加大棒”就乖乖地成为组织大机器上的螺丝钉。那要如何使之与组织协作呢？

5 个因素促使协作发生

我们需要考察在不同条件下，为什么个人有动机与组织协作。

第一，个人因素。如果你进入一家发展比较成熟的公司，你就会发现人力资源部门会对你进行全方位的“测量”，包括你的积极性、勤奋程度、社交能力等。在“测量”之后，公司才会决定让你进入哪一个适合你的工作岗位。另外，除了你的个性，你的性别、年龄、工龄、教育和工作经验都是需要考量的因素。

第二，组织的价值与愿景。一个带着个性、拥有个人目标又不一定很理性的“社会人”进入组织之后，如何使他的行为和组织的理性目标相一致呢？你可以给他设定一个道德化的目标，比如灌输爱公司的理念。国内曾有一些十分极端的做法，比如每天早上唱公司的歌、跳公司的舞，然后在头上绑起布条，喊口号，把公司愿景熟记于心，一边跑步一边喊，然后公司领导以为员工就变成组织的人了。在十年前，这种管理方式非常流行，比如餐厅的员工一大早在餐厅大堂或者门口集合，所有人一路跑一路喊口号。当然，这种形式的管理方式现在不流行了，如果被人拍摄下来并传到网上去，反而会给企业造成负面影响。不过，教育界还在流行这种管理方式，比如某些中学让学生在操场跑步、喊口号，通过加强对学生的“道德教化”来提高学生的学习意愿。尽管这种操作方式拥有一定的效力，但是我们仍然很难想象一个原本自由散漫的人在被一通思想教育之后就会完全转变为一个激昂发奋、热爱公司的人，这是不可能的。我们还需要思考更多非物质性的激励措施。

第三，工作因素。企业面对不同任务的时候会产生对员工工作的不同需求。我们可以把不同的需求归纳为变化性、自主性、完整性、回馈性和合作性。变化性要求员工适应不同的工作，要求员工是一个多面手。自主性是指员工在工作中自由决断的能力。完整性是要员工能从头到尾做完一项工作。这也要看项目的大小，一般来说，越大的项目，个体就越不可能独自完成。回馈性要看项目是否需要及时的反馈。合作性则指工作中需要与别人交流与协作的程度。比如，同样是研究部门，但是在企业中的研究部门就非常需要及时做出反馈。比如华为和腾讯，华为强调的是军队文化和上令下行，不允许有较大的自主性；腾讯支持不同团队互相竞争的“跑马制度”，保持内部的自主性。如果你是一个应聘者，你喜欢自主性强的工作，但是误入了华为，你就会产生不适的感觉，因而也不会信任你的领导。反之，你如果是喜欢部队兵团作战型工作的人，进了腾讯就可能会感到无所适从。

第四，组织文化的影响。组织文化跟领导者、创业者的风格有关，它其实就是公司的基因。只要领导者还在，他的人生愿景、他的做事风格就会深远地影响自己的企业。如果他喜欢骗人，他底下的人就爱骗人；他自己每天上班迟到，底下的人就一定很懒散。管理学大师彼得·德鲁克的企业流程再造理论就是一个极佳的对巴纳德理论的注脚。企业再造工程的一个重要的方面就是改造企业的内部文化，而不是只改建企业组织架构。德鲁克和GE公司总裁杰克·威尔逊联手在发动企业再造工程之前，花了四年时间先改造组织文化，再改造组织结构。

尽管巴纳德的观点强调了对组织文化与非正式规范认同的重要性，但是真正要改造原有的认同是非常困难的，同时组织的结构形式也会对它有非常重要的影响。比如，典型的层级组织的内部认同就会依赖于层级制的垂直结构。而网络式组织有各式各样的形式，例如矩阵式企业、平台型企业等，这些不同的网络组合形式会让组织结构变化无穷。

另外，组织的结构形式与外界环境也有关系。高科技公司面对的环境的不确定性大，需要企业不断改变，所以非正式组织（自组织）就有存在的必要，它既要保持边缘创新的可能，也要保持组织结构能较易调整的弹性。现在的由下而上的自组织都被企业制度化了，“平台型组织”和“生态系”这些概念实际上就是将非正式组织制度化的结果。看上去自组织已经变成正式组织制度的一部分，但那并非层级式的结构。

第五，领导力。领导力是非常复杂且关键的部分。按照前面的分析，权威的产生除了个人因素、制度因素、关系网络结构因素等，还要考虑在不同情境中的连锁效果。如果你作为领导，对一个员工施加了影响，那么以后的员工会怎么想这个问题并形成什么态度？最后会演化出什么样的行为？也就是领导改变一些事情后，会产生什么样的连锁效果？会产生什么样的后果？这就是我们整个领导力研究要做的事情。所以说，我们在这里特别强调人应当是“社会人”，“社会人”的假设让我们从一个人的关系、社会认同、动机和激励同时下手分析领导和领导力问题，因此也包括非正式组织和关系网的问题。领导要知道他做了一些决策之后，怎么去改变员工的认知、态度和价值观，最后对员工的行为产生什么样的后果。

现在有许多类型的领导力理论，比如家长式领导、参与式领导、变革型领导等。大家可以在日常管理中接触这些概念。比如，当你去图书城或者经过机场的书店时，你会发现最畅销的总是教经理人如何做好领导、如何理解员工、如何疏导员工心理的书。不同的领导力需要针对不同的组织结构和目标。盲目地遵从某一种取向是不利于企业在不确定的环境中发展的。有的人说威权领导好，有的人说民主领导好。当然，也有很多人说都不对，威权领导也不见得好，民主领导也不见得好。如果外在环境有不确定性，民主领导和威权领导哪一个更合适呢？为什么大家总以为民主领导好，威权领导不好？实际上，做研究就会发现，这一点会因内部员工的素质与外在环境的不确定性而有所变化，不存在哪一个好哪一个坏的问题。

总之，巴纳德在理性模型之外，提出了另一个对人性假设十分不一样的组织模型，他不再假设人都是理性的，都能为组织的奖惩所驱动，从而建立一个十分不同的看组织的视角。

- 组织是一个协作系统。
- 组织是一个信息沟通系统。
- 权力来自由下而上的认可。
- 组织的愿景分享与道德诉求十分重要。
- 领导在协作中十分重要。

- 非正式团体在组织中扮演了一定的角色。
- 经理人的职能在于，通过愿景分享、组织教化、良好沟通及正确领导，可以将目标不一致甚或不理性的员工变成“组织人”，让其产生与组织目标相一致的协作。

这个组织模型提出了理性模型之外的一个“对立”模型，为以后斯科特所说的所有自然系统模型定了一个方向。但现实往往和“理想类型”的自然系统十分不同。在大萧条的岁月里，处处都是罢工，结果强调沟通的巴纳德却以驱散的手段解决罢工，这实在是他在现实与理想间最大的无奈。从复杂系统的观点看，现实总是在“两极对立”的“理想类型”间不断地阴阳相融，时而相生，时而相克，是一个动态平衡的过程。巴纳德的贡献正好在于在由上而下理性管控的模型之外，让我们看到了另一个由下而上自组织出来的模型，它带来了以后一系列的发展。

二

组织：人际关系系统

梅奥与霍桑实验

几乎同时，另一个重大发现产生了。管理学在历数经典研究时，都会提及霍桑实验。霍桑实验指的是美国国家科学院在西部电器公司的霍桑工厂开展的关于员工心理状态如何影响产量的一系列实验。1924 年，美国国家科学院开始在霍桑工厂进行照明与工业产量之间关系的研究。在实验负责人的组织下，参与实验的工人被分为两组，一组是控制组，其照明条件在不断地变化；另一组是参照组，工人工作中的照明状态保持不变。最初的研究结论令人感到困惑，因为研究者发现两个组的工人的工作效率都在上升。

三年后，研究者终于确认，工作效率与照明没有显著的关系，而真正起作用的可能是工人的心理状态——因为工人在研究过程中会因为察觉自己被关注而更积极地投入工作。霍桑研究小组在研究中发现了几个重要的事实。

首先，在工厂生产中，上级和下级存在不能忽视的信息不对称性。如果不关注下级的状况，上级往往就会对当前工人的工作状态做出错误判断。

其次，工人的行为受到情感支配。在这一研究之前，管理学研究往往不会考察员工的心理状态。但是，霍桑实验表明，忽视这类情感因素会对企业了解其运转的客观状况产生巨大的阻碍。同时，研究结果表明，当研究人员对员工进行访谈后，员工往往能够在这一过程中将积压的心理问题都说明白，从而间接提高了产出效率。

再次，研究小组发现访谈能够促进工人群体与厂方的合作，从而提高双方的协作效果。工人通过访谈可以获得对工人群体和企业的归属感。

最后，研究小组强调经理的管理手段应适当进行调整。过去的管理手段太过强硬，这让工人感受到强烈的被支配感，而倾听能够让他们感到被关注，从而提高产出。

在这项研究的后期，一位著名的理论大师登场了——梅奥。梅奥原籍澳大利亚，在阿德莱德大学获得心理学、哲学及逻辑学学位。在第一次世界大战期间，他参与了帮助士兵康复的临床医学研究。这些经历为他后来的理论创建提供了基石。之后，他在 1922 年转到美国宾夕法尼亚大学任教，专职进行工业心理学研究。1923 年开始，梅奥主持费城纺织厂工人流动率的研究，对工人的人际关系和团队形成有了基本认识。1926 年，他到了哈佛商学院，并以霍桑实验为基础写了两本组织理论巨著——《工业文明的人类问题》和《工业文明的社会问题》。

让我们将目光转回梅奥在霍桑研究中的贡献。尽管梅奥不是霍桑实验最初的主导者，但他对霍桑实验的理论意义做出了巨大贡献。他在加盟霍桑实验之前就已经独立对组织内部关系对于组织目标实现的影响进行了研究。梅奥发现，不同种族、不同社区、不同社会阶层和社会群体的人员如果以不同比例聚集到一座工厂进行生产活动，那么产出也是不同的。梅奥在介入研究之后，改进了霍桑实验的研究方法。他强调了访谈过程中研究人员对被访谈者态度的中立性。同时，他通过采用类似临床医学的研究方法，近距离观察了工人的行为和心理状态。当然，梅奥的贡献还在于他对霍桑实验的理论解释。梅奥不仅仅关注企业内部的人际关系，他的学术视野要更广大——他试图解释人类工业革命以来人际关系的变化及影响。他认为，尽管工业文明给人类社会带来了巨大的物质财富，但是它给人类的文化与心理状态带来了巨大的负面影响，使得社会失去了原有的协调与平衡。他在《工业文明的社会问题》中指出，工业的飞速发展导致社会出现反常状态。他的观点是，技术进步需要与工业组织中的人际关系变化保持平稳的关系。梅奥提出，

> 我们时代发展的重要特点是，它成功地一个接一个地摧毁了社会内在的固有联系，但却没能建立任何可以作为替代品的新东西。

组织内的人际关系

霍桑实验和梅奥的观点带给了我们哪些思考？理性与非理性行为都广泛存在于人类的社会行动中，也存在于组织之内。仅仅强调其中任何一面都会产生对组织的错误理解。我们并非鲁滨孙式的人物，我们每天都与周遭的他人产生互动和联系。在现实的生产活动中，工人不仅仅具有作为劳动力的一面，还有作为人的一面——他们同样会为同事关系而懊恼不已，或者因被上司批评而灰心丧气。工人追求社会交往的需求同追求个人利益的需求是一致的。当然，尽管梅奥深刻地指出了工业社会对人际关系的扭曲，但是他依旧迷恋于前工业社会中的生产

协作体系。霍桑研究催生了一些新的研究方向，包括工作团体协作模式、企业领导行为、工人个人背景和特质对组织行为的影响等。后来的人际关系理论家们沿着这条思路，不断地推动相关研究。道格拉斯·麦格雷戈在他的《企业的人性面》中提及古典（理性）管理理论和人际关系理论的差别可以通过以下假设得到更深刻的理解。

古典理论的前提是：

1. 个体不喜欢工作，并且总是逃避工作。
2. 大多数人都需要通过惩罚被控制、管理和威胁，以投入足够的精力来获得个人目标的成功。
3. 普通人往往倾向于逃避责任。

而人际关系理论的前提是：

1. 从内心来讲，绝大多数个体并非不喜欢工作，且在工作中花费体力和脑力就如同玩耍或休息一样自然。
2. 外部控制和惩罚威胁并不是使人们努力工作以达成组织目标的唯一手段。
3. 最重要的回报在于自我满足和自我实现。

从以上两种理论的对比中，我们可以瞥见人际关系理论与理性系统视角在人性预设上的巨大差别。然而，正如斯科特所说，人际关系理论实质上只是因为关注产出而考虑非正式组织关系和情感因素，这种分析方法似乎依旧将工人视为需要吃饱喝足的“奶牛”，只是“吃饱喝足”中还考虑了他们的情感需求与人际关系。无论如何，以梅奥为代表的人际关系学派为减少组织内的摩擦提供了实际的解决方法，并且为组织理论提供了新的视角。

将视野转向我们的当代生活，我们可以看到，几乎每一个商学院中都有组织行为系，有的人将其称为“人力资源系”“组织管理系”等。目前也有管理系被更名为“人力资源与领导力”，这更加强调领导力与企业文化管理。

不管霍桑实验的结果是否完全准确，其贡献在于它思考了组织现象的另一种想象。这个实验在不断地强调人是非理性的这一重要事实。既然员工是人，那人的七情六欲、臭脾气、惰性，就一直在公司里。员工的士气不够，那是因为他的满意度不够，是因为他觉得公司不公正，或者有其他原因，所以他会怠工。一个员工的态度与认知的问题因此被提上了研究议程。

自然系统视角并不否定理性系统视角的重要性 。一方面，我们必须看到，提升工作效率的大多是技术进步与理性的工作流程设计。比如，霍桑实验同期，也就是“二战”前后，又产生了一次生产力的大爆发，主要是工业工程中作业研究的引入。从那个时候开始，流水线作业中各个环节如何以数量指标加以优化就成为工业生产最核心的内容之一。比如，工厂需要用大量数据来决定自己的预期规划，在把所有数据和生产要求放进模型之后寻找最优解。这些问题包括：工厂该怎么生产产品？每条生产线该生产多少产品？生产的产品将被送到哪里？走哪一条路线最省钱省时？用什么车？这全部都可以用电脑系统解决，它可以用各种数学工具最优地规划出生产流程。

另一方面，如果我们将人的认知与态度因素忽略了，往往就会只见树木不见森林。所以说，工业工程能够帮我们解决理想情况下生产和运营环节中遇到的各种问题，然而“徒法不足以自行”，人在执行过程中捣鬼，再好的流程设计也达不到应有的效率。就在进行霍桑实验前的那个年代的美国社会运动中，就普遍存在工人偷偷地把工厂机器砸了，搞两个小动作，机器第二天崩溃了的现象。于是这一天就只能停工。从某些角度来讲，当技术越来越复杂的时候，从前的人只会破坏一些简单的工作机器，现在他可以给你的电脑植入病毒、“后门”，把一个系统内的所有电脑关闭。所以，如果你有一些对公司不满意的员工，他到最后怎么可能会好好地帮你把这么庞大的、这么精确的一台组织机器运转起来？一家企业的经理在设计一套工作流程时，流程可以因时而变，但越是到现代，人的影响就越重要。

“管理”与“领导”这两个术语实际上存在着巨大的差别。狭义的管理实际上强调的是层级观念，主要指命令的上传下达，设计的流程被有效执行。广义的管理则包括我们管理学门类中所有的学科。相对于管理，领导则更加侧重对员工的教化、沟通和愿景设立。领导强调经理层需要有调动非正式组织的能力，让其学会怎样面对员工。理性系统理论忽视了领导与员工之间的关系及员工与员工间的关系，或者是将其谈得很刻板，而梅奥则看到了非正式关系的重大影响。员工可能会搞小团体，拉帮结派，然后结成网络，对抗老板。如果没有办法直接对抗老板，员工依然可以隐藏在小团体中，然后消极怠工。非正式关系的影响太大了，以致没有哪个领导可以忽略它。

巴纳德与梅奥的理论面世后，我们看到了组织理性设计的另一面，即组织内的人自发地结成关系，自主地形成圈子，自组织地寻求发展，从而使组织有自然生长的一面。这理性与自然的阴阳两面如何在一个组织中并存、相生、相克却共同发展呢？

第七章

阴阳相融——理性与自然视角的融合

在此前的章节，我们分别讨论了古典组织理论中代表由上而下计划与管控的理性组织的代表人物泰勒与韦伯的观点，以及由下而上自然生长的自组织的代表人物梅奥和巴纳德的观点。以韦伯的“理想类型”的方法论观之，它们正是组织的两个极端模式，就好像黑与白、阴与阳（这里的黑与白、阴与阳并无好坏、高低之分）。同时我们也讨论了这两个“理想类型”都有它的局限性，往往它带来优势的同时也带来了劣势。理性组织的制度规章走到了它的反面就成了组织的僵硬性；下层人员工作的高度程式化走到了它的反面就成了领导不受节制，容易滥权；权力集中好办大事走到了它的反面就成了贪腐谋私利；追逐非人性化与高效率走到了它的反面就成了排除自由与创意。

同样地，巴纳德与梅奥看到了另一个组织的“理想类型”——由下而上的自组织。其带来优势的同时也带来了它的劣势，其愿景与道德诉求取代了法律规章，走到了极端就导致行为标准不一而散漫；自由发挥与创意取代了工作流程，走到了极端就成了各行其是，没有品管规范；非正式团体的分权取代了企业管理层控制的命令系统，走到了极端就成了组织目标模糊，工作不能整合；强调工作满意度与人性价值取代了严格的追踪与奖惩，走到了极端就成了“养懒汉”而无效率。

把这样不同的“理想类型”的组织理论梳理清楚的一个代表人物是W.理查德·斯科特，他称前一种模型为“理性系统”，后一种为“自然系统”。

斯科特并没有开宗立派地发展出一套新的组织理论，他的研究工作整合了以往组织理论家们的分析，并开始以系统视角来分析组织这一形式。斯科特的知名贡献在于通过三种系统视角梳理了组织理论内部的传承和对立。我们在进入对复杂系统管理学的讨论之前，需要对斯科特所概述的这三种系统视角进行一番介绍。因为复杂性特质的变化过程正是一个开放的系统中理性与自然并存、相生相克又共同演化的过程。

一

组织理论：理性、自然和开放系统

斯科特：组织理论的梳理者

斯科特与实干型企业家出身的组织理论家不同，是纯粹的学院派。纵观斯科特的职业生涯，我们不难发现，他一直保持着在学界的影响力。斯科特于1932年出生在美国堪萨斯州帕森斯市，深厚的家庭教育背景让他成功地进入芝加哥大学攻读社会学博士学位。在芝加哥，他师从著名社会学家彼得·布劳。斯科特的著作颇丰，他出版的组织理论专著都是组织研究学者必读的经典。为了纪念斯科特在组织研究领域的贡献，哥本哈根商学院、赫尔辛基经济与工商管理学院和丹麦奥胡斯大学授予他荣誉博士学位。

斯科特的整个职业生涯都在斯坦福大学度过，他曾经担任该校社会学系主任（1972—1975）以及斯坦福组织研究中心主任（1988—1996）。因为他长期在对医疗组织、企业和非营利组织的研究中耕耘，他被斯坦福大学商学院、教育研究生院和医学院授予名誉退休教授的称号。如果有心的话，我们甚至可以发现美国社会学学会在组织、职业和工作分会中专门设立了W. 理查德 · 斯科特奖，以表彰他对该领域做出的杰出贡献。

斯科特本人对于组织理论的贡献不在于他创造了多么新颖的理论流派，而在于他以系统视角将经典组织理论贯穿起来。这一贡献主要在他的《组织理论：理性、自然和开放系统》一书中有所展现。斯科特用“理性、自然和开放系统”三种视角梳理了组织研究中所有理论流派的演变。任何涉足组织理论的读者都可以从这一梳理中获得对于纷繁复杂的经典流派的深刻理解。在斯科特看来，任何组织理论流派都有其理论假定和边界。因而，对这一点的分析“为初涉组织研究领域的学者提供了一个清晰的指导，为已进入这一领域的研究者提供了整体把握这一学科领域历史演变和发展趋势的系统化指南，并引领研究者进行有关组织研究方法论、学科范式等深层次问题的思考”。

第一种理论视角被他归纳为理性视角，也就是将组织视为一种完美运行的机器，其行为是由有意图的、可协调的成员实施的行为。同这种视角相关的理论术语包括执行、有效性、设计、规章制度、命令系统等。如我们之前所总结的，理性视角最核心的概念是组织的目标具体化和形式化。泰勒、韦伯、法约尔等人的理论都可归为此类。西蒙的理论也被佩罗归类为新韦伯主义，只是西蒙以理性模式为主融入了自然系统，下启开放系统的思维，他是一个将前期组织理论融合在一起的人物。理性系统视角是最早出现的分析进路，无论这些理论内部有多大差别，它们都将组织视为一种蓝图或者形式化的结构。斯科特认为：

> 泰勒和西蒙从社会心理学的角度来对个体参与者的工作和决定予以考察，他们把结构特征看作影响行为的环境因素。而法约尔和韦伯从结构角度出发，把组织形式的诸多特征与形式予以厘清。

这个系统视角代表了人类对于组织的形式化理解——组织由明确的目标和正式的结构、规则及工作流程组成。从理性系统视角来看，组织会消弭具有深远影响力的非正式结构和个体特质。

通过高度形式化，组织可以实现参与者个体无法实现的目标。正如韦伯看来，层级组织能够有效运转的原因就是组织的非人格化。在组织初创期，人格魅力或许是一个重要的影响因素，但是在例行化阶段，组织不再依赖于职位上的个体，而依赖于组织的形式化设计。斯科特总结道：“组织正式结构的创立，形成了社会人际关系结构的重要功能替代。”

这种观点是工业革命带来的全新世界观：当人们刚刚走出传统的经济生产模式时，他们必然对现代的产业组织形式着迷。最初的组织理论学者往往持有这样的看法——非人格化的正式组织是保证效率的唯一方法。

这一时期的理论家不能说没有看到组织作为“自然生长事物”的一面，而是他们的理论取向是对现实情况的反应，因为他们面对的是一大群刚刚从乡村转移到都市的劳工。崇尚理性系统的理论家们的理想化组织是这样的：无论组织成员如何流动，个人特质如何变化，他们都是可以被替代的，组织的运转不会因为某个或者某些成员的更迭而受太大影响。理解理性系统视角下的组织理论流派，要记住这样一种观点：组织形式比构成组织的参与者更加重要。也就是说，设计、制度与“依法而治”是组织心目中的法宝，这可以让“平凡的人”既分工又整合，既有效率又有效能地达成组织设定的目标。

而自然系统强调组织是“自然生长”的。与理性视角强调组织结构和形式不同，自然视角将组织视为人的集合体。自然系统将组织视为“自然生长”出来的，而并非全然设计出来的。也因为人性上的种种限制，它没办法被完美地设计出来。为什么会这样呢？

按照斯科特的观点，这种理论视角首先认为组织目标具有复杂性，甚至漂移性，无法被理性地设定；另外，组织有生存压力，进一步说，这就是长期生存、基业长青的目标。组织既然是“生长”的，那么它就不全然是达成既定目标的工具，它同时也是“力图在特定环境中适应并生存下来的社会团体”。古尔德纳认为：

> 根据这种模型，组织一直在努力生存并维持其平衡，这种努力可能会在其成功地达成既定目标之后仍然持续。这种生存的压力有时候会使组织忽略甚至改变既定的目标。

在自然系统视角中，我们可以发现梅奥、巴纳德等人的观点的一大侧重就是关注非正式结构和非理性因素。尽管我们在经济生活中常常对此习焉不察，但是在真实世界里，这些因素却是不可忽视的。不可否认的是，历史有时就是由不可预计的因素塑造的，组织也一样。自然系统珍视组织内部个体的个性，会分析个体参与者的智慧、情感与创造力对组织整体的影响。

斯科特对自然系统的探讨实际上指出了这种观点的潜在假设：非正式和非形式化的组织内的个体特征和互动关系是既存的，同时也是能对组织行为及组织结构产生重大影响的。在这一理论图谱中，功能主义的倾向也是不可忽视的。功能主义强调，既存组织必然是能够满足社会特定需求的存在。阿瑟·斯廷奇科姆认为，功能主义是指“一些行为或社会设置的结果是这一行为原因的基本因素”。这种思路隐含了一种从存在的结果寻找起因的思维模式，由此产生了系统演化的动态成长过程的研究。

我们可以在与理性系统理论的对比中更清楚地理解自然系统理论。按照斯科特的分析，自然系统理论至少对组织的形式化持中立或者否定的态度，这缘于自然系统阵营的理论家们大多数具备学术背景，他们对组织面对的宏观环境更加感兴趣，而不仅仅是考察组织的内部结构和规章制度。当然，也有其他学者提出了不同的见解。保罗·劳伦斯和杰伊·骆奇就指出：

> 用简单的话来说，古典理性系统理论多适用于稳定的环境，而人际关系自然系统理论更适合变化的情况。

自然系统阵营的理论家们通常假设了一个组织中隐匿的功能，就是它的首要任务是继续存在，并提供给其成员一些满足其基本需求的社会资源。但正如我们在前文的分析，生存的功能往往会与组织预设的目标产生冲突。研究自然系统的理论家们并不仅仅考察组织设计中的功能，还会采取更加宽泛的态度及功能化的解释来分析组织的稳定与变化。自然系统假定，正如人体需要不断的氧气供应，需要通过肺的呼吸和血液循环得到满足一样，社会体系也需要某些机制的充分发展来满足成员的特定需求。总之，自然系统不满足于抽象的组织形式分析，而是承认既存的其他社会群体的特征也存在于组织之中，它们不可能在计划与命令下消弭。

尽管我们可以用理性或者非理性因素来描绘理性系统和自然系统的差异，但是这并没有完全把握这两种视角的差异。我们应当从自然系统和理性系统对组织的基本假定入手来推进我们的认识：理性系统刻画组织的形式化特征；自然系统承认形式化特征与实际特征之间的脱节，并且认为这种形式与现实的差别源自组织目标是否合理。

换言之，斯科特指出，理性系统模型强调的是组织区别于其他社会群体的特征，也就是它的目标性、分工与整合、效率与效能；自然系统模型强调的是组织与其他体系的共性，也就是人性在组织中的表现和组织本身的可持续性。尽管研究自然系统的理论家们没有否认组织具备一些理性特质，但是这些特质还不足以将组织划分在自然系统之外。

巴纳德、菲利普·塞尔兹尼克、梅奥、塔尔科特·帕森斯等人为自然系统理论提供了基础。比如，人际关系学派在线圈实验中看到，工人集体地、有默契地“合谋”以尝试降低生产效率的举动可被视为非理性的行为，但是在更大的经济环境中去看，这种行为是对被解雇威胁的一种理性的反应。又比如，巴纳德的观点更强调环境的影响。他看到所有的个体都同时属于多个组织，组织中的个人所面临的环境本身就是开放的。塞尔兹尼克强调了“环境的不可选择性”。帕森斯的理论同样属于自然系统理论，在他看来，组织是社会的子体系，是环境提供了组织所需的稳定要素。

组织的开放系统视角

从组织要在环境中自然生长开始，组织理论的视野就从封闭系统进入了开放系统，这正是复杂系统理论最核心的观点。

开放系统视角是第三种视角。一般认为，与开放系统视角相关的组织理论发展同物理学、化学、生物学等学科的现代发展有密切关联。在斯科特看来，开放系统理论与控制论和信息论的进展密不可分。生物学家路德维希·冯·贝塔朗菲就特别强调系统理论的跨学科特性，他指出：

> 物理学家、生物学家、心理学家和社会学家将自己作茧自缚在自己的领域里，以致很难在茧与茧之间进行交流。

开放系统视角的一大特征在于它企图在不同学科之间建立某种一般规律。在这些理论家们看来，从粒子、原子、分子到无机物质，从细胞到器官、生命，甚至是从个人、聚落、群体、组织到社会，各类系统都会遵循某种一般规律。开放系统视角与复杂系统理论有明显关联，而后者代表了一种全新的世界观：克服简单的线性分析式思维，每一层事物都能自成系统，同时又归属于一个更高阶的系统，由低到高，层层自组织而成，又层层相因而生。每一层事物既是独立系统又是更低一层事物的组成环境，高一层的系统是低一层子系统的组合。

不同的系统组成规律之间存在相似的过程和结构，不同层次间有分形性，也就是说，它们在结构上有同形性。在各层系统之间，要素的互相依赖是一种突出的现象。当然，从最基础的物质系统到中层的有机系统，再到高层的社会系统，系统之间的要素关系会趋于复杂。不同层次之间的物质、能量和信息流动是不同的，“更高层次上的相互关系则越来越多地建立在信息转换之上”。

把这种观点落实到组织理论中，我们就可以看到与此前的理论完全不同的分析。按照开放系统视角的观点来看，组织绝非一个严密的控制模型。开放系统理论家们认为，任何社会系统的每一层面的事物内部都是由松散联结的要素构成的。斯科特指出，组织内部的规范结构与行为结构的关系其实是松散的，规范也无法完全控制行为。同样，企业部门之间和工作小组之间的关系也是松散的。正如杰弗瑞·菲佛和杰拉德·萨兰奇科指出的：

> 组织是团体和利益的集合体，每个团体都力图通过与其他团体的互动，从集合体中获取一些东西，而且每个团体都有自己的选择和目标。

尽管按照斯科特的分析，开放系统视角的组织理论已经从20世纪中后期开始生发，但它还未占据组织理论的主流。开放系统理论的逻辑与前面两种理论截然不同。这种理论源于控制论和系统论的发展，它看到了不同系统之间的一般规律。随着系统复杂性的提高，个体的主体性与能动性也在逐步提高。肯尼斯·博尔丁提供了一个开放系统理论下的不同复杂系统的框架。

- **框架结构：** 拥有静止结构的系统，如晶体中的原子排列或动物骨骼。
- **时钟结构：** 简单变化的系统，比如太阳系和时钟。
- **控制系统：** 根据外部目标或标准进行自我调节的系统，比如恒温器。
- **开放系统：** 能够从环境中获得资源进行生产并由此进行自我维护的系统，比如生物细胞。
- **蓝图发展系统：** 该系统不通过复制来进行生产，而是通过含有预设指令的种子或卵来进行再生产，比如蛋和鸡。
- **内在形象系统：** 该系统能具体地认识环境，能在该环境中接收并加工信息，将环境作为整体的想象或知识的结构，如动物的行为。
- **符号处理系统：** 该系统具有自我意识并能运用语言，如人类行为。
- **社会系统：** 组成单元拥有共同的社会规则和文化，比如社会组织。

斯科特总结道，博尔丁的框架描绘了从物理系统到生物系统，再到人类行为及社会系统的进化。从低到高，系统变得更加复杂，联结更为松散，更加依赖于信息的流动。随着信息的重要性增加，系统也具备了自我维护能力和细致的操作能力。斯科特认为，开放系统视角的组织理论是从高层的复杂系统中衍生出来的。与此相对，控制系统的视角更加强调组织的操作层次，即引发“目标导向性行为”，通过反馈机制来检测对预设目标的偏离，同时在这一过程中持续学习。输入、生产和输出是控制系统的关键。我们可以轻易地发现，控制系统层次以下的系统与理性系统的概念存在较大重叠，而复杂程度更高的系统则必然是开放且自然生长的系统。

普利高津的耗散结构理论也可以加深我们对开放系统的理解。耗散结构理论解释的现象是复杂系统中的自组织行为，主张偏离平衡状态的复杂系统能够通过一系列非线性过程产生新的平衡。这种思维跳脱了封闭系统的窠臼，极大地拓展了组织理论的视域。开放系统强调组织需要与外界环境互动，中间存在大量的信息和物质交换，但组织仍然能够靠其内部自组织出来的结构维持稳定的秩序。

理查德·塞尔特和詹姆斯·马奇则在对组织理论本身的探讨中指出，组织实际上是松散联结的系统，个体和组织的目标和意图与其行为可能只有微弱的关系。但是这种观点并没有武断地认为组织没有边界。按照斯科特的理解，组织是存在边界的，只是它会为了维持自己的存在消耗能量以维护边界。借用复杂系统理论的观点，斯科特认为组织系统需要两个基本设置：维持和变革。维持强调的是组织保护或者维护系统既有形态、结构或状态的过程。比如，在生态系统中，维持包括循环和呼吸；在社会系统中，维持包括社会化和控制行为。变革指的是改变系统，比如成长、学习和分化。

就维持组织的构成要素而言，我们可以在理性系统和自然系统的理论中找到对应的概念和观点，即组织需要维持自己的形式、结构与目标。而变革则主要涉及自然系统和开放系统的观点，尤其是后者强调系统分化和多样性的根源是环境——环境与系统的特征存在密切关系。用更加直白的语言来阐释的话，尽管自然系统理论看到了组织是“自然生长”的，但是它没有特意阐明环境在这一过程中的重要性与影响机制。斯科特认为，开放系统则弥补了其不足之处。这让我们对组织与环境关系的理解更加深刻。

组织与环境的互动

与理性系统和自然系统相比，开放系统更加强调组织与环境的互动及其过程。组织结构的开放系统视角强调个体要素的复杂性与多变性，尤其是个体之间的松散联结。在开放系统中，理论家们关注的并非结构或形式，或者类似自然系统视角的功能主义分析，而是将视角转向了组织的发展过程分析。组织在开放系统视角下被视为一种动态系统，它会根据不同时点上的不同条件而做出具有实用价值的反应。换言之，开放系统开始将分析的重点转向组织与环境的互动过程，尤其是组织行为与组织结构的动态演化。

通过以上的简要介绍，我们对斯科特的组织理论归类与整理有了基本的把握。可以发现，斯科特在对组织理论的整理过程中逐步讨论了每一种理论视角的假设和边界。正如在本书第二章中的解释，组织理论的进展与人类产业组织的发展和其他学科理论的进步有着密切联系，这些理论视角也是这一演化的体现。从理性系统视角到自然系统视角，再到开放系统视角，我们看到了理论家们从最初对组织的结构化和形式化的把握，逐步发展到对组织内部非结构化的自然因素的阐述，再到强调组织系统与外在环境的互动过程与内在要素的因势而变。

当然，我们不能简单地认为后来的组织理论必然全面优于前面的理论，因为视角的不同决定了解释内容的侧重。譬如理性系统视角——正如韦伯对层级制的分析——展现了人类对于一般组织现象的精妙的抽象理解，它带来了组织的效率与效能的探索，所以历史上以理性系统视角重新设计组织架构并规划工作内容的理论与实践不胜枚举。比如，20 世纪四五十年代发展出来的作业研究（Operation research），将数学建模带入生产活动；20 世纪八九十年代发展出来的企业再造工程，将电脑融入每个人的工作内容，它们都带来了人类生产力的大爆发。

所以接下来，我们将更加细致地探讨在不同时代里，这些视角每一次会给组织带来怎样的变革，以及它们之间从竞争到相合、阴阳相融的过程，从而讨论这三种理论的内涵和关联，为我们之后理解复杂现象奠定基础。

斯科特的综述与整理让我们看到复杂系统视角下的组织理论的成长历程：从理性的、控制系统思维的组织管理，到“自然生长”与顶层设计相伴的组织治理；从封闭的只看组织成员如何提供效率与效能的计划与指令，到看到组织在与外界不断地交换资源与信息的过程中如何维系组织生存的自适应、自演化。一个复杂组织理论由此逐步成型。

二

融合：组织是信息沟通的系统

从封闭系统走向开放系统的标杆性人物，首推赫伯特·西蒙。因为他率先指出了组织中信息和决策的重要性，也探讨了组织和外在环境在信息交换中是如何设定目标的。

理性系统强调的是统治和层级治理，这就是封闭系统时代的理性思维。自然系统强调的是“小团体”“非正式”这些概念。在封闭系统时代，这两种思维必然会产生巨大的冲突。封闭的理性系统理论与自然系统理论虽然对组织的“理想类型”建构有差异，但是它们都强调组织的基本前提是力图建立有效的结构并达成组织目标。虽然它们对于什么是组织目标的理解也存在不同，但实际上，组织面对的是一个复杂的外部环境，所以它需要解决的问题也不仅仅是如何有效地安排生产和解决内部人际关系。更大的责任在于如何面对不确定的环境，能够生存，并进一步发展。作为一个关键的理论家，西蒙既为封闭系统视角中的理性与自然两派提出了“融合”的理论，也开启了对开放系统视角的基本理念的讨论。

西蒙与新韦伯主义

西蒙的贡献主要在于提出以“有限理性”为核心的组织理论，从而把信息要素带入组织研究之中，同时以信息获取为中心发展出决策理论。简单说，有限理性就是人想要理性，但因为种种限制而无法完全理性。这些限制包括：信息不对称，也就是我想知道的别人知道，他却不告诉我；机会主义行为，也就是别人为了他自己的利益而欺诈我；行为不确定性，也就是我想拿一套方法去衡量别人的行为是否符合组织的需要而不得；环境不确定性，也就是前述开放系统视角所述的，组织的外在环境在不断地变化。

换言之，西蒙看到了人类理性思维和行为的局限。这种局限被两种极端放大：一种极端源于精神分析学派对于人类行为产生于情感的夸大论述，另一种极端源于古典经济学对于“经济人”的过度夸张。西蒙的看法是，因为信息不完备及思维能力的约束，个体的行为不可能实现全知全能的理性计算。个体无法全面地分析每一个决策的条件、限制和结果。个体即使能够掌握所有的信息，也无法完全依据经济学假定个人效用的偏好或组织决策的效率高低来完成选择。

西蒙并没有否定理性的作用，而是强调理性无法完全解释人类的决策行为。对西蒙来说，完全理性会让人们寻求最优型决策，而有限理性会让人们寻找满意型决策。西蒙的意思是，尽管最优型决策可能存在，但是个体通常没有能力计算清楚这种决策，同时也没有必要追求这种决策。如果一个人感到非常饥饿，那么对他来说最合适的可能不是搜寻一顿性价比最高的晚餐，而是一顿可立即获取又能饱腹的拉面。个体通常会依赖一种模糊的计算方式而非完全理性的计算方式来做决策。他尽管可能会认识到不同决策引发的不同后果，但是行为的可行性范围的约束使得他只能就当下的情形做出符合自身条件的决策。再举一例，尽管我们可能知道存在最适合自身的伴侣，但是在条件限制，加上未来的变化不可预知的情况下，我们往往会在关键时刻选择“还算适合”的伴侣。

由此，西蒙通过决策理论进入组织研究领域。西蒙不同意韦伯对于组织内个体行为的忽视，前者认为组织行为同组织内个体的心理状态和决策行为有着密不可分的关系。西蒙认为，组织实际上是由一个人类群体的信息沟通过程及相关关系组成的复杂体，组织可以向每个成员提供做决策所需的大量信息，同时决定成员的决策前提、预设目标和行为态度。也就是说“君子可欺之以方”，我们无法用命令、流程、规章去完全控制一个人的行为，但可以为他提供他做决策所需的信息，从而改变其做出的决策。

同样地，组织成员也会懂得整理并向管理者提供其做决策所需的信息，从而影响管理者的决策。因此组织可以被视为很多“例行行为”的组合体，而这些“例行行为”的核心正是要把外在环境及内在管理所产生的复杂信息进行汇总、统计、分析并总结出管理者做决策所需的信息。所以在关键位置上的员工对管理者也可能“欺之以方”，提供一定的“偏向性”信息，从而影响管理者做决策时的偏好。

西蒙因此指出，在泰勒和韦伯所说的组织中，我们看不到人的位置，只能看到一幢幢没有人性的大厦。组织结构重要的原因在于它可以影响组织内成员的行为选择，这就帮助我们了解了愿景、道德、非物质激励这类非法令与奖惩的手段在引导人做决策时的重要性。相反，自然系统视角过度夸大了非理性的因素。其实无论是管理者还是员工都还是有着自己的目标并在理性地寻找适合达成目标的手段的，只是种种限制不可得而已，所以我们千万不能忽视组织中理性设计的力量。

在此，封闭系统的理性、自然两股力量阴阳相融了。

决策理论：组织对外在环境的反应

整体而言，西蒙的组织理论仍然接续了对理性的探讨，但是它已经涉及从人本身的自然限制来讨论个体和组织的决策行为。

西蒙和斯科特的共同点在于他们都不是实干型企业家，西蒙出身于一个普通的美国中产阶级家庭。西蒙的父亲从德国辗转到美国，从事工程方面的工作。西蒙的母亲则来自一个贵族家庭，她为音乐事业贡献终生。家庭教育为西蒙日后从事学术研究提供了早期熏陶。当然，更重要的是他的舅舅，那是一位受过完整经济学教育的经济师，他引领年幼的西蒙进入了学术世界。

当然，最令人熟知的是西蒙进入大学之后的事迹。西蒙的聪慧从小有目共睹，他从小学到中学连跳几级。1933 年，西蒙进入芝加哥大学政治学系学习。他仅仅用了两年就完成了政治学方面的修业要求，转向了对物理学、经济学、心理学和逻辑学的探索。在这一阶段，西蒙掌握了日后进行计量分析所需的数理基础和逻辑语法。在大学毕业之前，西蒙参与了地方政府管理课题研究，开启了他对组织的研究历程。1939 年，西蒙被加州大学伯克利分校聘为地方政府研究项目主管，这一工作推进了他的思考，并为他日后写就《管理行为》奠定了基础。随后，伊利诺伊理工学院邀请西蒙任教，于是他开始在该校开设课程。1949 年，西蒙转到了卡内基–梅隆大学任教。在卡内基–梅隆大学，西蒙担任工业管理系主任，进一步推进自身对组织行为的研究。在卡内基–梅隆大学，西蒙以自身广博的学识为基础（横跨科学哲学、逻辑学、物理学、计算机学、经济学、政治学、社会学、心理学等），对组织决策进行了开宗立派的研究。1978 年，西蒙凭借有限理性学说、组织行为研究和决策理论，获得了诺贝尔经济学奖。时至今日，西蒙的理论对企业治理和决策仍然有重大影响。

按照我们之前的分析，西蒙系统地批判了古典经济学理论中的“经济人”假设。个体的决策依赖有限理性和满意原则。既然构成组织的个体具有有限理性的特质，那么组织也不可避免地被打上了同样的烙印。西蒙继承了巴纳德和韦伯的思想，将组织和个体有机地结合起来。在这种观点下，组织不再是一台完美的机器，而是一种不断适应组织成员行为不确定性的集合体。组织本质上是一种合作行为系统，这一观点同巴纳德的理论类似。譬如，在一家公司中，经理会按时召开会议，他做出这一行为的前提是他已经预料各部门的负责人会提供最近的公司业务相关资料。如果经理和部门负责人之间缺少这种共同判断，那么个体行为就无法被整合为组织行为。组织在这种意义上就是一个力图克服群体行为不确定性的系统。于是在个体都能够比较准确地预测其他人行为的基础上，他们才能自觉地为这种共同判断采取一致化的行动，以获得组织期望的结果。

这种分析思路实际上与早期组织理论的侧重是相反的——西蒙是从个体建构的组织，而非从组织倒推到个体行为。既存的个体特征和个体间的互动模式是组织必须面对和适应的条件，这是组织决策行为的基础。个体尽管拥有不同程度受限的理性，但是组织可以通过有效协作提高个体的理性程度。

在西蒙看来，在提高个体决策的理性程度方面，组织具有克服个人知识局限性的功能。首先，组织可以通过职能分工帮助员工有效地整合和加工信息，协助其做决策。其次，组织可以帮助成员了解他人的行动，减少整体不确定性。个体通过组织，可以将他人的行动视为自身行动的条件或者对自身行动的约束。最后，通过长期的组织内互动，组织可以形成稳定的目标体系和价值尺度。组织可以通过这类共享的价值规范来进一步协调成员的行为。

在目标方面，组织对个体决策同样提供了帮助。组织简化个体决策的一个主要途径就是对个体行为的目标设定前提。西蒙认为，目标只有在行动者决定如何行动时才会显著影响其行为。在这里，西蒙提出了两个类型的行为前提——价值前提和事实前提。价值前提指的是想要达到的目标的假设，比如组织目标、组织效率的评价标准、组织内个体的价值取向、个人对组织愿景的认同等。事实前提指的是对现实世界及其运行方式的假设，比如技术、知识、情报信息等。通常而言，价值前提越精确，它对个体决策的影响就越大。在组织内层级中位于高位的个体在做决策时通常会夹杂更多的与价值前提相关的考虑，而相对低位的个体会根据更多的事实前提做决策。

然而，组织的目标也是复杂和模糊的。组织目标的确立是一个达成次优解的过程，同时也是一个协调的过程。马奇和西蒙总结了这一过程：

（1）从要达成的总体目标开始。

（2）发展一系列较为抽象的手段以达成这一目标。

（3）把每个手段反过来作为新的子目标。

（4）发展一系列更为具体化的手段来达成目标。

组织的目标同时也是一系列子目标的嵌套。斯科特认为，这种目标嵌套就好像一种聚合的手段-目标链，上级会将自身的目标拆解为下级能够实施的手段。组织同时也会支持个体做出他们应当做出的决策。组织可以为个体提供为解决问题的必要支持，比如资源、信息和相关的设施。西蒙强调了组织对个体的培训和注意力训练产生的重要影响。他认为，通过提供完整的子目标、稳定的预期、必要的信息、所需设备和行为规范、相关约束，组织为个体提供了做决策的环境。

总结来看，西蒙没有否定理性在个体决策和组织行为中的影响。西蒙本质上是结合个体的心理模式和行为范式使得理性模型更加精确：个体决策依赖有限理性，组织行为在有限理性支配的个体行为的基础上产生。西蒙的重要贡献还在于他看到了组织行为的实情和形式化假定之间的差异。一方面，他强调了组织规章和程序在减少组织面对的不确定性、协调组织决策时的重要性。另一方面，他提出为组织行为设定价值前提——组织的价值、愿景、文化规范，个人理想与组织目标的配合，等等；以及事实前提——技术、资源、信息等。

我们可以将西蒙的分析工作视为对理性观点的一次升华，西蒙将形式化和结构化组织的分析提升到了新的高度。在组织内部，比组织形式设计更重要的是规则制定者的行为规范与决策过程。当然，这种视角源于心理学，正如斯科特对西蒙理论的总结："理性并不贯穿于决策的始终，但是遵守规则却要贯穿于决策的始终。"

信息与决策也将组织内部与外在环境连接在一起，封闭系统实际上就包含了对理性系统和自然系统的讨论，但封闭系统需要和开放系统整合在一起才能完成理性与自然的整合。西蒙适时地完成了这样的工作，将开放系统视角带入组织理论研究中。

第八章

开放系统中的组织——治理机制的选择

开放系统的视角中也有理性与自然的分野。简单地说，理性视角着眼于面对外在环境的形势如何做出组织设计以有效反应。佩罗曾在作品中介绍了保罗·劳伦斯与杰伊·骆奇、约翰·加尔布雷思、卡尔·维克等人的开放系统理论。

劳伦斯、骆奇与加尔布雷思提出了权变理论。权变理论在组织设计的传统观点上强调环境的权变性。加尔布雷思认为，现实中不存在最佳的组织方式，任何组织形式都不是等效的，任一组织形式都是环境的产物。维克则将组织行动定义为“通过条件相关进程中的连锁行为，解决既定环境中的模糊性”。在维克看来，组织面对的最大压力就是不确定性。通过选择更有效的反应，组织可以通过规章制度的形式将有效反应的方法保存下来。但是，为了长期的发展，组织在灵活性与稳定性之间必须保持一种平衡。

这些研究都在分析，在不同的环境中如何设计组织？什么样的组织设计会是最有效的因应之道？比如，伍德沃斯就把工业生产的技术环境分成四类——小批量生产、大批量生产、生产线及持续化生产，每一类生产模式都会有相应的组织设计。又比如，佩罗则将环境分成技术环境与社会环境两个维度。同时他还提出了其中的四个象限：第四象限是技术复杂互动要求较高的，如核电站；第三象限是技术复杂互动要求较低的，如大学；第二象限是技术简单，即技术标准化程度较高，互动要求也很高的，如航空业；第一象限是技术简单，互动要求也低的，如组装工厂。这四者的组织结构就很不一样，以因应它所面对的环境特质。这是一个开端：理论家们把目光转向了更具复杂性和不确定性的组织世界。要应对环境的变化，组织就需要采取不同的战略，组织战略研究自此成为显学。

在本章中，我们主要讨论经济学中的新制度学派代表威廉姆森的交易成本分析理论，以其作为代表介绍开放系统中的理性视角。开放系统理论的变迁同产业组织的历史变化在某种程度上是一致的。从最初的工业革命开始，乐观的理性思维笼罩了学界和工业界。进而是一种源于对人自身的反思的悲观主义产生了，理论家们开始关注理性以外的限制。威廉姆森对于组织交易成本的分析正是理性思维下的产物，但它触及了组织与环境的互动，并深化了治理问题的研究。

一

交易成本

市场或层级：治理理论的滥觞

在早期制度主义经济学家约翰·康芒斯和 R. H. 科斯的基础

上，威廉姆森结合了外部环境对组织进行分析。威廉姆森认为，组织形式的本质应当是对于不同交易属性的回应。交易本质上就是人与人之间或不同领域边界之间的物质或服务交换。威廉姆森提出：

> 像一部运行良好的机器一样，在运作良好的界面上，这些交换会顺利地进行。在机械系统中，如果我们要寻找问题，就要看发动机是否匹配得好，零件是否都上了油，是否有不必要的滑动或者其他能量损耗？而在经济模式中，这些问题就是交易成本：交易的各方是否运作和谐，或是否存在经常性的误解和冲突，导致其他功能延迟或者失常？

威廉姆森的分析实际上是将组织研究的重点从关注生产效率转向了对管理结构的关注。科斯提出了“市场或层级？”的世纪之问，这开启了对治理问题的探索。简单的经济交易行为是可以在市场上自由达成的，但是当环境变得高度不确定和复杂时，组织需要依赖转变各种外部控制手段和监理机制来帮助交换，这时为了保障交易秩序所需要的成本就会很高，这就是交易成本。如果将这样在市场上需要高交易成本的资源交换内化成组织内的交易，那么良好的组织治理机制就可以有效降低交易成本。组织结构因此被视为一种建立和确保交易的重要手段。自此，市场及组织（或说层级）被视为两种不同的治理机制，它们可以相互替代，都可以用来保障交易的秩序。凭着这个世纪之问，科斯在其论文发表54年后的1991年，获得了诺贝尔经济学奖。

威廉姆森接续了科斯之问，他认为，组织的结构和形式都是为了适应交换的类型。交易成本是对交易容易程度的一种衡量维度。在新古典经济理论中，企业被视为管理生产任务的系统，它主要提出生产要素之间如何分工与整合的最佳解决方案，包括资源、劳动力和资本。在这种分析中，我们看不到对于厂商或者企业治理机制的讨论。然而，在真实的市场活动中，阻碍效率的一个重大来源就是交易各方都不会自觉地遵守交易协议。让各方都坦诚相待是非常困难的，因为大家都希望将自身的利益最大化，外加西蒙在前一章中所提出的，人是有限理性的，又有信息不对称、机会主义行为及环境不确定情况的存在，所以交易的安全与秩序本身就是一个大问题。

在市场条件下，交换以协定的契约为基础，主要在买方和卖方之间发生。总体而言，这些交易会受到价格体系的支配，这些价格体系会传递来自市场的关于商品和服务需求的类型与数量的信息。价格信号为厂商或者企业的决策提供了考量的基准。因此在新古典经济理论中，厂商的内部架构被大大简化了，它并不需要为内部签约、监管和信息收集而专门耗费资源。但当企业面对复杂的市场环境时，它就必须处理更多的信息来商定合同、进行交易、做品质检查、监督合同有效执行及违约时的维权，这些都会带来交易成本。威廉姆森认为，组织在处理这种复杂和不确定性时，在一定条件下，其效率优于市场，因此把供应方并入组织，改市场交易为组织内交易就可以降低交易成本。

以上的简要介绍有利于读者初步理解组织经济学的源起和核心观点。我们接下来将更细致地展开对交易成本理论的讨论，以及将它放置在一个组织理论的关键位置上，联系其他理论进行分析。交易成本理论的重要性不仅仅在于提出了一个新的分析概念，更重要的是它引出了一个新的分析方向，即将开放的不确定环境因素引入组织治理分析中，从而开启了治理机制的分析。

交易成本从何而来

1932 年，奥利弗·威廉姆森出生于美国威斯康星州的苏必利尔市。威廉姆森的父母都是中学教师，父亲教授物理、化学等课程，母亲教授拉丁文、法语和德语。家庭的文化氛围给威廉姆森带来了巨大的影响。他最初希望自己成为一名律师，但是他后来逐渐喜欢上了物理等自然科学。威廉姆森进入麻省理工学院之后，对工程学和管理学产生了巨大的兴趣。1955 年，威廉姆森获得了斯隆管理学院的理学学士学位，成功进入联邦政府担任工程师，并完成了早年的梦想。再往后，威廉姆森进入斯坦福大学攻读管理学博士学位，选修了经济学家肯尼斯·阿罗的课程。因为不喜欢当时斯坦福大学的学术氛围，他转到了卡内基-梅隆大学攻读博士学位。他的博士论文受到马奇的影响，讨论的是管理问题。

威廉姆森真正的理论开拓始于他在宾夕法尼亚担任副教授期间。他开始寻求从理论上解释组织纵向一体化问题。他的核心考虑是：既然市场能够有效配置资源，那么为什么我们还需要企业？而企业为什么会在产业上下游寻求扩张？科斯在 1937 年发表的《企业的性质》和钱德勒在 1962 年出版的《战略与结构》对他有一定启发，但是它们并没有完全解答他的疑惑。受到阿罗关于外在性和市场失灵的研究启发之后，威廉姆森发表了关于交易成本经济学的处女作——《生产的纵向一体化：市场失灵的思考》一文。在这部作品的基础上，威廉姆森推进了他对于交易成本的分析，并在此之后完成了带给他巨大学术声誉的作品——《市场与层级制：分析与反托拉斯含义》。1985 年，威廉姆森完成了交易成本经济学的集大成之作——《资本主义经济制度》。再后来，威廉姆森依靠自己的交易成本学说获得了 2009 年诺贝尔经济学奖。

我们如何理解威廉姆森的理论？对威廉姆森的分析，我们需要回到古典经济学的源头。在《国富论》中，亚当·斯密认为，个人分工可以通过市场实现自身和社会福利的最大化。然而马克斯·韦伯认为层级组织才是实现效率最大化的工具。两位理论大师都有自己的理论合理性。结合人类社会的产业历史演进来看，斯密活跃的年代是资本主义逐步萌芽的时期，大型产业集团还没有出现。韦伯生活的年代恰好是第二次工业革命达到尾声，各种大型的产业联合体已经出现。在威廉姆森以前，主流的经济学研究很少考虑组织的形式，而传统的社会学家却没有尝试对企业与市场之间的关系进行原理上的分析。威廉姆森意识到市场与层级制就是一对需要更深刻理解的概念：如何理解企业以市场行为处理组织外的交易？如何依据管理理论处理组织内的交易？企业活动与市场交易的边界在哪里？在怎样的情况下，这两种活动会调换位置？

威廉姆森认为，“需要采用一种合约研究法来研究经济组织”。在经济活动中，企业需要重点关注的是如何降低交易中产生的各类成本。威廉姆森因此将交易治理机制分为三类：市场、层级组织和准市场形式。交易成本经济学的核心内容就是核定不同活动的交易成本，并决定哪一种治理机制是更适宜的交易形式。

具体而言，威廉姆森所指的交易成本是“合同签订之前的交易成本和合同签订之后的交易成本”。合同签订之前的交易成本主要包括“草拟合同、就合同内容进行谈判确保合同得以履行所付出的成本”。合同签订之后的交易成本主要包括：“不适应成本”，即双方的合作一旦偏离了合同规定的方向，就会因交易双方互不适应而导致出现成本；“讨价还价成本”，即针对违约现象，双方需要进行交涉而产生相关成本；“启动即运转成本”，为了保证合同的顺利执行而建立相应的组织机构所需要的成本；“保证成本”，即为了确保合同能够奏效所需的成本。

我们可以举一个现实生活中的例子。一个人去买房子的时候，在买房的过程中，契约的签订是需要成本的。成本存在于合同订立的过程——双方协商的过程中会有金钱和时间的支出。在合同订立之际，双方讨论合同的条款会需要一些如律师、中介等第三方的见证，这又会产生一些支出。同时，在合同中肯定会有一些关于违约责任的条款，比如能否单方解约等条款。如果某一方想换交易对象，就会有事先提供押金和没收押金的问题，这又会发生违约成本。通常来说，如果某一方更希望这份合同能够成功履行，而不是想去做违约的那一方，那么他就会倾向于把违约成本定得比较高，这样对方考虑到违约成本可能就不会违约。这些事务一般会在商业法律案件中出现，而这些治理手段的目的就是保证这笔交易的安全执行。

但很不幸的是，一旦出现违约现象，双方都需要投入大量资源和成本来解决相关问题。比如，买卖双方可能会选择用法院裁决的形式来结束纷争。作为一个正式的裁决机构，法庭往往在处理这类事务上需要有一定的流程和时间。因而，双方如果选择这种形式来解决纷争，在诉讼旷日持久的情况下，交易成本也会不断提高。据估计，美国近七成的违约行为会通过私下解决的方式来避免法律裁决导致的更大成本。美国是一个凡事都最容易诉诸法院的社会，犹且如此，中国人就更可能需要双方的善意协商及第三方的调解了。这时，单纯的契约行为可能并不足以打消买卖双方心中的疑虑，他们可能需要自己信得过的朋友在其中扮演重要的中介人角色。

|二|

组织：交易治理的系统

决定交易成本高低的因素

为什么会出现交易成本？诚如之前西蒙所提出的，有如下原因。

（1）人是有限理性的，很难百分之百管控交易中的所有风险。

（2）信息是不对称的，信息有限使得管控十分困难。

（3）交易对手会有机会主义行为，也就是对手因为私利而可能有欺诈行为。

（4）环境不确定，即使在善意且双方信息完全公开的交易中，外在环境的变化也可能使交易的风险陡增。

接续西蒙的理论，威廉姆森分析了使交易成本有高有低的原因。他指出了三个决定性因素：资产专用性、交易频率和不确定性。

（1）资产专用性。它指的是“在可以补偿其价值的前提下，某种资产能够被重新配置其他替代用途或者是被替代使用者重新调配使用的程度”。简单地说，就是只有单一用途的资源，其资产专用性就很高，这一用途用不上，其资产就只能报废。相反，多用途资产的专用性就很低，在一处被退货了还可以转卖到另一处。威廉姆森还区分出六种专用类型。第一种是空间专用性，“是指一系列站点相互联系，密切地排列着，以节约库存和运输成本”。第二种是物质资产专用性，指为生产某种产品而特定的实体物资。第三种是人力资产专用性，指的是劳动力适应某种生产的契合度。第四种是专项技术资产专用性，是为了满足某些特殊需求而投资的专项技术。第五种是品牌资产专用性。第六种是时间专用性，指的是一种资产在某一时刻用上才有用，过时就没用了。

（2）交易频率。威廉姆森认为，在交易频率较低的情况下，即使交易成本较高，也可以用常用的治理结构来完成交易。转变治理机制也需要成本，此时可能并不划算。但是当涉及大量又多频次的交易时，高交易成本乘以高频率，交易双方就必须考虑转换治理机制的问题了。

（3）不确定性。分为环境不确定性及行为不确定性。环境不确定性指的是，一笔交易的外在环境可能因为战争、天灾、政府政策、国际政治等交易双方不可控的因素

> 而说变就变，这使得交易本身变得十分不稳定。行为不确定性指的是由于人的有限理性和投机行为导致的对未来的不确定认知，又没有良好的监督、计量的方法降低这样的不确定性。举例来说，一台电视机送货到家，一插即用，再加上三年保修，交易违约的可能性就很低。但一份人寿保险很可能履约在二十年后，届时人事、时局都发生变化了，不能完全照合约执行的可能性就变得较高。由于这些因素的存在，交易双方需要在未来根据具体条件调整自己的反应方式，并要求双方尽可能设计出一种合适的治理机制，用以规范双方在可能的变化中需要遵守的行为。

这些理论洞见启发了我们在各类现象中的研究，比如为什么会有产业聚集？为什么一个产业的形态往往是一条产业链分布在很小的地理范围之内？空间与时间专用性为此提供了一个很好的解释。因为一个产业的上下游厂商间的交易具有时间和空间资产专用性，这让我们看到了产业聚集区或一镇一产业现象，它们可以节省交易成本。这种现象就是，一个特殊的产业将其上下游全部整合在同一个地理范围内。想为某一种产品做配套商，就一定要在附近设厂，如果太远，不是时间赶不及，就是运输花费太大。

交易治理机制的选择

在现实的经济活动中，由于这三种交易本身的性质决定着交易成本的高低，企业可能因为在市场上要付出较大的交易成本而选择兼并或者合并上下游的其他企业。在市场交易中，供应商通过竞标获得了某项产品或者服务的供应权，但因为资产专用性、不确定性和交易频率的影响，长期的供应使得总交易成本太高，这时该公司就可能会将其转变为收购，把该供应商变成公司的一个部门，原本在市场上做的交易就变成了组织内的交易。通过以上的分析，威廉姆森认为，所有的市场交易行为都无法摆脱以上因素的影响。

当然，层级组织内也是存在这类成本的。和研究市场失灵的文献相比，研究层级体制失灵的文献较少。威廉姆森认为，内部组织在管理的复杂性、对错误的宽容性及互相协商方面都存在问题。不过，在市场交易中，各种约束都是硬性的，而组织内的很多约束却如前几章中自然系统视角所言，是软约束且约束条件模糊不清。

正如威廉姆森分析的那样，不同的交易应当归结于不同的治理形式。不同的任务布置和目标达成需要不同的交易成本。威廉姆森的理论成功地将组织的起源解释为在不确定条件下遏制机会主义的手段。交易成本理论因此被用于解释特定组织如何确定其边界及如何设计其管理体系。那些物质、人力、技术或资金的“供应商”该被并进组织之中吗？组织内的交易管理成本太高，可以“外包”给市场去做吗？这些问题都在交易成本理论的分析架构中得到了答案，从而明确了组织的边界该“包”什么进来，该“放”什么出去。

威廉姆森将自己的交易成本学说推广到对大多数组织的分析中。他认为，尽管现实中存在各种各样的组织，包括企业、协会、非政府组织、政府等，以及各种各样的市场，如货物市场、金融市场、劳动力市场等，但是它们的交易都可以被视为订立某种契约。在威廉姆森看来，“经济组织的问题实质上就是为了达成某种特定目标而如何签订合同的问题”。不同的经济组织适用于不同的契约形式。通过分析契约形式的最优交易成本，我们就可以决定它的组织形式。威廉姆森在理论上最大的贡献之一是深化了科斯提出的“市场或层级？”的治理研究，从此治理成为最重要的学术议题之一。我们国家从原本的“社会管理创新”的倡议，到中共十八大后提出“社会治理创新”，一字之差见证了社会政策取向的重大变化。

由管理的思维转向治理的思维，正是交易成本学派最伟大的理论贡献。

对威廉姆森的批评主要来自几个方面。第一个方面的批评在于，威廉姆森的理论未能解释组织作为一种社会制度为什么会产生。安东尼·奥伯斯科尔和艾瑞克·勒夫尔认为，威廉姆森从对个体需求的分析开始，最后提供了对社会福利需求的制度分析。尽管威廉姆森可以成功地解释某个治理机制是如何降低交易成本的，但是他并不能提供关于该机制是如何产生的解释。

第二个方面的批评在于，威廉姆森及其学派探讨了第三章谈复杂系统中论及的自组织，只是他们将其视为市场与层级的混合模式，也就是在属性上是两个治理机制“理想类型”的“黑白之间的灰度”，或是称其为“过渡模式”。也就是说，它不是一种稳定的模式，迟早要么滑向市场，要么滑向层级。

这些不足正是批评者提出修正的地方。

三

复杂系统视角的批判

多种治理机制的并存

关于治理研究，我们需要结合现实生活来理解威廉姆森的理论源起及格兰诺维特、鲍威尔等人对他的批判。

鲍威尔指出，自组织在本质上是和市场及层级完全不同的第三种治理模式。更重要的是格兰诺维特所说的：威廉姆森忽视了经济行为的社会嵌入程度。经济学家们往往夸大了明晰的管理体系及契约行为对于交易达成的贡献，同时也夸大了组织内部的控制和激励机制的效力，也就是忽视了人际关系和社会网结构在组织与市场的经济交易中的重要性。后者的批判更为重要，这涉及如何认识个体行为与社会关系的问题，这也正是本书第十一章要讨论的主题，且是复杂系统视角进入组织与管理研究的关键所在。格兰诺维特在 1985 年对威廉姆森理论的批评，指出了这样的交易成本分析忽略了关系、信任与复杂网结构在交易治理中的功能。

人类社会为什么会产生治理问题？我们经常可以看到如下词语：全球治理、企业治理、政府治理、社会治理、基层治理等。这些治理问题的基础都在于经济交易和社会交换的治理，也就是因为有限理性、信息不对称、机会主义行为及环境不确定性，在人与人的互动过程中会产生摩擦，从而使经济交易和社会交换失序。如何保持一个系统中这么多类型的经济交易和社会交换的秩序就是治理问题。

治理机制究竟要治理什么？按照威廉姆森的理解，在经济与管理上，交易就是被治理的对象。尽管“交易”这个词更像一个经济学术语，但它其实包含了许多内容，除了包含经济属性的内容，（复杂系统视角也指出）这里面也可能包含社会属性的内容。交易的目的可能并不是简单地让自己的利益最大化，治理机制也不止于将交易成本最小化，而是需要考虑更多的问题，比如长期关系的保持、商业声誉的建立、集体利益的维护等。当然，维护集体的道德也是一个重要的影响因素，比如企业伦理、商业伦理、专业伦理之类的目的。

威廉姆森的分析更进一步，将市场与层级二元对立，使其相互替代，再次运用了建立“理想类型”的化约主义研究方法，也就是只看到市场与层级相克的一面。而复杂系统视角总是要我们看到多元并存、相生相克、动态平衡的重要性，并且在事物的动态发展过程中要求其相生相融。二者有时不免相克，我们却要做到动态修正以避其相克。换言之，在一笔复杂的交易中，市场、层级与自组织三种治理机制总是并存而不会完全互为替代。如威廉姆森的分析，在不同性质的交易中总会有一个最为适合的治理机制，以它为主。但复杂交易却总是以一类机制为主，其他两类为辅，很少存在“理想情境”中只要一个“理想类型”的治理机制就能得到良好秩序的情况。

基于格兰诺维特、鲍威尔等复杂系统视角在治理问题上的批判，我曾长时间调查了高科技制造业的外包交易治理过程，并写下《中国人的信任游戏》一书。我发觉，一笔交易可能有其主要的治理机制，但若仔细分析此交易的流程，我们就会发现交易流程的每个阶段会混合使用不同的治理机制。例如在交易初始的供货商开拓和评估阶段，交易可能采用市场治理机制和层级治理机制，也会配合使用社会网络的口碑与推荐的机制。所以事实上，一笔交易有其主要的治理结构，但更会混合使用不同的治理机制。

案例：高科技制造业的交易流程

表 8.1 为一笔外包交易流程治理机制的综合性运作情况。

我们将依 ISO 9000 流程将其分成六个阶段。对于每个阶段，我们分别从采购商和供货商的角度思考其所面临的交易不确定性，并探讨交易的双方如何采用不同的治理机制来降低不确定性。不同的治理机制包括市场治理机制、层级治理机制与自组织治理机制。

市场治理机制强调通过价格竞争的方式降低不确定性，以及通过契约保障来控制机会主义的行为；层级治理机制则以规划、权威和命令的方式形成内规——包括组织结构、公司规章及作业流程——来管理交易的不确定性。因此市场治理机制和层级治理机制都会形成较明确的制度来管理交易。自组织治理机制则强调社会网络的信任行为，是一种非正式的规范方式。

1. 以第一个阶段“供货商开拓和评估”为例。对于采购商而言，其面临的不确定性在于供货商是否合适，而供货商同样面临着客户是否合适的不确定性。降低不确定性的方式包括通过产业名录一家家搜寻、比较，这种方式强调以市场搜寻的方法来选择合适的合作对象，因此归于市场治理机制。而不管是采购商还是供货商都会在公司内部规划相关的制度来开拓并评估合作对象，这部分强调规划与命令体系，因此属于层级治理机制。然而我们在个案谈访中最常看到的方式，则是通过 R&D（研发部门）的人脉及业界的口碑商誉来作为厂商搜寻的基础，这种基础通常是一种弱连带。而弱连带通常是指双方之间有某些共同的经历，如是同学或同事，也许没有太多的情感互动，但可以为彼此提供信息并给予推荐；因为有共同的经历，所以有共同的朋友可以扮演中介角色，双方也会因为这些共同的朋友而提供最小的信任基础。此外，在发生争议时，这些共同朋友更提供了第三方协商的功能。这部分属于人际关系网络的非正式规范，我们称之为自组织治理机制。

2. 第二阶段是“基本采购协议书订定”。此时双方所面临的不确定性主要在于能否控制品质、价格与交期，市场治理机制用来降低不确定性的方式是签订采购契约及多重外包，即同时选用多家供货商。权力关系较大的一方则会试图建立一套与所有厂商合作的契约制度，试图用层级的方式来规划与命令合作厂商的行动。对于权力关系较均等的一些合作关系，厂商在契约的订立上则以不约定罚责、不需制定过于详细的契约，来保持协商空间的弹性，并相信双方将以善意解决问题。所以有信任关系就可以保持较大的弹性，不至于被契约规定得太死。因此我们可以了解到，自组织治理机制可形成一些非正式的规范来降低不确定性，并保持一定的弹性来因应未来的不确定性。

3. 第三阶段是“议价和下单”。采购商有议价信息不对称的不确定性，而供货商则面临采购商是否会以其权力来作为议价手段的问题。其中，在市场治理机制的部分，采购商可通过与多家供货商合作的方式来达到市场力量的平衡，并采取以量制价的手段来增加议价能力，或者通过成本估算方式降低信息的不对称性。而供货商也可采用与多家客户合作的方式来达到市场的平衡，并提升自身的技术水准以提高议价能力。至于层级治理机制方式，双方都会建立一套成本估价的制度来作为议价的基础。而在自组织治理机制部分，双方会认同一定的降价要求以提升双方产品在市场上的竞争力，并且以互惠的计价方式和有输有赢的人情互动法则来稳定合作关系。当然，权力大小仍是议价时最主要的后盾，因此厂商仍会以增加对方依赖度及减少自己对对方的依赖度来增加自己的权力。更重要的是它本身在产业竞争中的优势位置。如果这不是一笔短期交易，且双方有着对长期交易的期待，则谈判策略会偏向合作与妥协，这时对对方善意的信任就十分重要了，它可以降低“撕破脸”的风险。

4. 第四阶段是“订货与收货”。采购商面临供货商毁约而停止供料、品质不符的欺骗行为与订单量不足或超过预测的不确定性。供货商面临的不确定性有：采购商不承认该零组件品管规格不同、订单量不足或超过预测等。其中最基本的市场治理机制就是通过签署产品承认书来降低不确定性，并且通过一定的品管制度的层级治理机制来管理。至于自组织治理机制部分，则是以共同负担备料损失，检验标准的协商（检具的使用）并以协商方式解决制造过程中出现的任何问题（如品质不良等）。

5. 第五阶段是“制造管理与供给品管理”。采购商主要担心交期、品质的不稳定，而供货商则必须面对临时插单、交期变更等不确定性。其中就市场治理机制而言，采购商可采取与多个供货商合作和增加本身的库存的方式来应对。供货商也可以扩充其他客户来降低对单一客户的依赖度（维持在 50% 以下）。至于层级治理机制方面，采购商可建立手续管理、交期管理、价格管理、变更管理、进度管制等内部制度；供货商可采取制程管制管理、生产管制管理、客户供应品的管理等。除此之外，可通过自组织治理机制来建立共同体以利插单和赶单，并减少抵押品的风险，强调互惠行动可促进双方的产品技术与管理方式的交流（模具的联合开发、品质问题的共同解决），并且采购商也可协助供货商调货（从其他供货商那里调货给这一供货商）。但是当采购商较有权力时，它则有较多临时插单的谈判空间。

6. 至于在最后一个阶段“辅导、培育、支持与付款”，采购商必须面对市场不稳定与供货商技术独占的问题，而供货商也担心过度依赖单一客户、客户是否能准时付款等不确定性。同样，这个阶段的市场治理机制，不管是采购商还是供货商，都可借由寻找替代产品或方案及多个交易对象来分散不确定性，并建立相关的层级制度，如采购商的品质管制辅导管理与管理技术辅导管理，供货商则可建立客户关系定位管理等制度（其中若为关键客户则采用项目团队的方式来负责）。自组织治理机制中的权力的大小会影响付款条件，信任关系则有助于增加更多其他合作，如关键信息的及时传递、技术支援、联合研发等，并且如此紧密的互动有助于争端的解决，这使得有权力的一方会替对方考量而不会随便运作权力。

表 8.1　高科技制造业外包交易流程中三种治理机制的运作

<table>
<tr><th colspan="4"></th><th>采购商</th><th>供货商</th></tr>
<tr><td rowspan="5">供货商开拓和评估</td><td colspan="3">不确定性</td><td>是否为合适的供货商</td><td>是否为合适的客户</td></tr>
<tr><td rowspan="4">降低不确定性的机制</td><td colspan="2">市场治理机制</td><td colspan="2">通过产业名录一家家搜寻、比较</td></tr>
<tr><td colspan="2">层级治理机制</td><td>供货商开拓管理
供货商评价制度
供货商数据管理
供货商实况调查</td><td>新客户开拓管理
新产品开发管理</td></tr>
<tr><td rowspan="2">自组织治理机制</td><td>权力关系</td><td colspan="2">权力较大的厂商在投资新地区时会通过权力关系要求原先的供货商配合投资</td></tr>
<tr><td>信任关系</td><td colspan="2">R&D 的人脉
业界的口碑商誉
弱连带通常可以提供信息并给予推荐
弱连带也能提供共同朋友来协商
弱连带更能带来共同规范的最小信任需求</td></tr>
<tr><td rowspan="5">基本采购协议书订定</td><td colspan="3">不确定性</td><td colspan="2">控制品质、价格、交期
开模与试产失败的损失</td></tr>
<tr><td rowspan="4">降低不确定性的机制</td><td colspan="2">市场治理机制</td><td colspan="2">签订采购契约（主要包括品质、交期、付款及罚责内容）
与多家供货商签约</td></tr>
<tr><td colspan="2">层级治理机制</td><td>对所有供货商建立相同的内部采购契约制度</td><td>对所有客户建立相同的内部销售契约制度</td></tr>
<tr><td rowspan="2">自组织治理机制</td><td>权力关系</td><td colspan="2">较有权力的一方在契约内容的签订上有较多的谈判空间（品质问题处理、付款期限及罚责内容订定）</td></tr>
<tr><td>信任关系</td><td colspan="2">不约定罚责，不需订定太过于详细的契约，而保持协商空间的弹性，并相信双方将善意地解决问题</td></tr>
</table>

（续表）

<table>
<tr><th colspan="4"></th><th>采购商</th><th>供货商</th></tr>
<tr><td rowspan="5">议价和下单</td><td colspan="3">不确定性</td><td>议价上的信息不对称</td><td>用权力关系来议价</td></tr>
<tr><td rowspan="4">降低不确定性的机制</td><td colspan="2">市场治理机制</td><td>多家合作达到市场力量平衡

以量制价

成本估算方式</td><td>多家合作达到市场力量平衡

提升自身技术独占的能力以提高议价能力</td></tr>
<tr><td colspan="2">层级治理机制</td><td>成本估价管理</td><td>成本估价管理</td></tr>
<tr><td rowspan="2">自组织治理机制</td><td>权力关系</td><td>提高依赖度来增加议价能力和平时的降价要求</td><td>提高依存度来增加议价能力和平时的降价要求</td></tr>
<tr><td>信任关系</td><td colspan="2">强调互惠的计价（降低成本估算）

有输有赢的人情互动法则

认同一定的降价要求是要提升双方产品在市场上的竞争力</td></tr>
<tr><td rowspan="6">订货与收货</td><td colspan="3">不确定性</td><td>供货商毁约而停止供料
品质不符的欺骗行为
订单量不足或超过预测</td><td>采购商不承认该零组件
品管规格不同

订单量不足或超过预测</td></tr>
<tr><td rowspan="5">降低不确定性的机制</td><td colspan="2">市场治理机制</td><td colspan="2">产品承认书</td></tr>
<tr><td colspan="2">层级治理机制</td><td colspan="2">订单审查管理
厂商品质分析
品检制度
品质管制</td></tr>
<tr><td rowspan="2">自组织治理机制</td><td>权力关系</td><td colspan="2">权力较小的一方在品质不良或小额备料损失时较无谈判空间

供货商的产品品质不良时直接拉模转单</td></tr>
<tr><td>信任关系</td><td colspan="2">共同负担备料损失

检验标准的协商（检具的使用）

以协商方式解决制造过程中出现的任何问题（如品质不良等）</td></tr>
</table>

<table>
<tr><th colspan="4"></th><th>采购商</th><th>供货商</th></tr>
<tr><td rowspan="5">制造管理与供给品管理</td><td colspan="3">不确定性</td><td>交期、品质的不稳定</td><td>临时插单、交期变更</td></tr>
<tr><td rowspan="4">降低不确定性的机制</td><td colspan="2">市场治理机制</td><td>多个供货商合作
增加本身的库存</td><td>降低对单一客户的依赖度（维持在 50 以下）
扩充其他客户</td></tr>
<tr><td colspan="2">层级治理机制</td><td>手续管理
交期管理
价格管理
变更管理
进度管制</td><td>制程管制管理
生产管制管理
客户供应品的管理</td></tr>
<tr><td rowspan="2">自组织治理机制</td><td>权力关系</td><td>用权力关系要求插单</td><td>依照权力关系响应插单要求</td></tr>
<tr><td>信任关系</td><td colspan="2">建立共同体以利插单和赶单
减少抵押品的风险
互惠行动可促进双方产品技术与管理方式的交流
采购商协助供货商相互调货
供货商之间相互调货</td></tr>
<tr><td rowspan="5">辅导、培育、支持与付款</td><td colspan="3">不确定性</td><td>市场不稳定
供货商技术独占</td><td>过度依赖单一客户
是否准时付款</td></tr>
<tr><td rowspan="4">降低不确定性的机制</td><td colspan="2">市场治理机制</td><td colspan="2">寻找替代方案
分散交易对象</td></tr>
<tr><td colspan="2">层级治理机制</td><td>品质管制辅导管理
管理技术辅导管理</td><td>客户关系定位管理，若为关键客户则有专门的团队负责</td></tr>
<tr><td rowspan="2">自组织治理机制</td><td>权力关系</td><td>权力的大小会影响付款条件
增加供货商的依赖度
减少对供货商的依赖度</td><td>权力的大小会影响付款条件
增加采购商的依赖度
减少对采购商的依赖度</td></tr>
<tr><td>信任关系</td><td colspan="2">增加更多其他合作，如技术支援、联合研发等
关键信息的及时传递
紧密的互动有助于争端的解决
替对方考量，有权力的一方在各阶段不随便运作权力</td></tr>
</table>

这个案例让我们看到，一笔经济交易往往不是靠单一的治理形式保障交易秩序的。这是一笔在市场上找到配套商，从而采购高科技产品所需的电子零组件的交易，它以市场治理为主。但是高科技业往往是一个“中心-卫星”的生产体制，所以负责集成的中心厂拥有比卫星厂大得多的权力。因此，我们可以看到中心厂会强制卫星厂接受其组织内部的规范，甚至管理卫星厂的供货就像管理自己公司的一个部门一般，这种管理的力道与其相对权力的大小成正比。但同时我们发现，交易过程绝非合约、执行、考核、组织规章这样冰冷冷的过程，这里充满了人际关系中信任与权力的交互运作，这些关系、圈子、复杂网的治理功能，正是我们在第十一章要再度阐释的内容。

第九章

适应——开放系统的重要原则

一

制度与组织

在第四章中，我们剖析了教堂变革的案例，并理解了在外在环境变化中边缘创新的巨大作用。我们在上一章中则谈到了治理机制如何维持交易秩序，外在环境的不确定性及交易性本身如何影响治理机制的选择。这一章，我们将延续对制度的讨论，并以与上一章中完全不同的观点来诠释制度的产生，这就是开放系统中与阳相反的一面，即阴的一面。

何谓制度？在社会学的讨论中，制度不仅仅包括正式形式和规则，还包括建立在认同之上的符号系统与价值观念。无论制度的定义存在何种变化，我们通常都认为制度能够为组织的参与者提供行为的方向与模板。尽管经济学中也存在对制度主义的讨论，但社会学对制度的理解更加宽泛。上一章中所谈的组织理论的交易成本学派诞生于20世纪六七十年代，它代表理性系统思维，因西蒙、科斯、威廉姆森等人的努力而发扬光大。经济学和其他社会学科中的理性选择理论都将理性行为的基本假设奉为圭臬，将理性视为个体的一种内在特性，它独立于外在经济活动的具体情境。由此而言，行动主体的偏好都是给定的，而不用讨论其来源，要讨论的仅是在不同条件下做出最有效率或成本收益比最好的选择。

但源自社会学中的新制度主义更偏向于讨论偏好的建构过程，以及制度的生成与变化。个体的经济与社会行为都不是悬置于空中的，它们都是嵌在具体的制度场景中的。社会学的新制度主义认为功利主义偏好假设的个体行为往往不能完全解释真实的经济与社会现象。个体的行为经常不受功利主义的驱动，而是在强制、模仿或规范的压力之下，更多地出于合法性的考虑，或者是认知方面的原因而趋同。

制度与组织的相互塑造是晚近组织理论的重点研究议题。关注制度的这种视角通常被称为“新制度主义”，早期代表人物包括塞尔兹尼克和约翰·梅耶，后期的代表人物是保罗·迪马吉奥和鲍威尔。1984 年，马奇和约翰·奥尔森发表了《新制度主义，政治生活中的组织因素》。他们在这篇文章中明确提出了“新制度主义”这一概念，认为个体行为与集体决策存在差别，真正的集体决策源于决策规则的影响，而制度就是最重要的构件。

塞尔兹尼克对田纳西水坝工程的研究揭露了组织运作过程中外在既存的多种制度性过程导致多数项目的落地与最初设定的目标存在差异。在塞尔兹尼克看来，制度是一个组织无法绕开的存在，这导致组织的执行活动必须考虑外在的社会、经济与制度问题。制度作为一种社会建构，能够通过各种过程渗透组织活动，并转变组织的原初形态与目标。

梅耶写了《制度化的组织：作为神话与仪式的正式结构》一文，由此奠定了组织理论中新制度主义的位置。该文回顾了组织作为正式结构存在的原因。与前人不同，他看到了组织中理性化神话的不合理，为各种繁复的正式规则和正式结构披上了合法性的外衣。因为制度化了的组织可以通过减少对组织活动的监控，使之仪式化，而让组织成员行为自动自发地合乎规范，同时辅以非常规的手段来解决组织内各单元的协作问题。最终，这种仪式化就会在制度环境中形成一种“神话”，广泛且牢固地存在于组织参与者中。

在新制度主义的分析中，制度合法性是一个最核心的概念。同这一概念相关的，便是“为什么组织越来越相似”这一问题。我们可以看到，无论是企业、政府，还是医院，都在组织形式与结构上有趋同之处，同时它们也花费了大量资源在与生产和服务活动无关的事情上。迪马吉奥和鲍威尔接续了梅耶对于组织合法性的讨论，并揭示了三种组织趋同的机制——强迫同形、模仿同形与社会规范同形。

我们在本章将围绕上述学者的理论展开。我们将会深入讨论制度环境、制度合法性和组织形态之间的关系，这与复杂演化有紧密的联系。作为仪式和神话，制度对组织产生了巨大的影响。联系我们在开放系统中的讨论，制度也是组织变迁中的一个核心要素。也就是说，组织作为一个系统，它的外围环境就是一个更大的系统，组织只是其中的一个子系统，母系统的所有规范必然深刻地影响着子系统的行为。我们将最先从塞尔兹尼克的研究入手，分析组织为何会在任务执行的过程中偏离设计的轨道。

二

组织：环境刺激反应系统

新制度理论的出现

塞尔兹尼克出生于 20 世纪初，于 1938 年就学于纽约。随后他在哥伦比亚大学获得了社会学博士学位。在哥伦比亚大学期间，他接受了罗伯特·金·默顿的指导，系统地掌握了功能主义的分析范式。1952 年，塞尔兹尼克在加州大学伯克利分校获得教职，终其一生耕耘在组织理论和法律社会学的疆土中。尽管塞尔兹尼克是与帕森斯和默顿一脉相承的学者，他却突破了功能主义的组织理论，发展出了自身的理论框架。塞尔兹尼克认为：

> 组织最重要的事情，不仅仅在于它是一种工具和手段，而在于每一个组织都有自己的生命。

因为这种观点，斯科特在组织理论的脉络梳理中将塞尔兹尼克归为自然系统理论阵营。塞尔兹尼克同意理性系统模型在某些方面的观点，比如组织能够被有效地设定正式形式与结构，以用来完成特定的任务和活动。正如他在他那篇知名的《组织理论的基础》一文中提到的：

> 组织，正如我们通常被告知的，是配置某些共识性的资源和职责的一系列相关安排。或者，被定义地更一般化一些，正式组织是对两个以上个体的活动和能力的协调系统。正式组织应当是理性行动的结构化表达。技术和管理技能的流动需要一种协调模式，即对职位和职责的系统安排。同时，这种安排确定了一套指令链条，使专门职能的行政一体化成为可能。在这方面，委托代理是最基本的组织法则，这需要不断拟订正式的协调和控制机制。

但是正式组织却不能完全消除“组织行为中的非理性因素”。按照斯科特的总结，这些非理性特征的根源有以下两个方面。

> 个体：他们作为“整体”加入组织，但他们不仅仅按照系统为他们设定的正式角色行动。
>
> 组织结构：既包括正式体系，也包括复杂的非正式体系，结构将参与者之间及参与者与组织之外的人联系起来。

这些观点与我们前面分析过的自然系统视角有相似之处。

直白一点儿来说，塞尔兹尼克从个体和组织结构两方面对组织的行为假设进行了探索。个体和组织结构都不仅仅是按照设定的正式形式和过程运作，组织的理性也只是表现于作为工具的一面。个体和组织结构必然会因为外部环境的压力而产生变化。在必要的时刻，组织可能因为环境的限制而改变既有目标。

塞尔兹尼克同时认为，外部环境对组织的压力也是促成组织结构变动的有益力量。在某些条件下，组织参与者会根据外部环境调整内部结构。通过这些变化，组织会产生对制度的依赖。制度在这里并不完全是限制性条件，它也有正面的部分。塞尔兹尼克认为，组织可以通过制度获得某些特殊的资源，这就是“既是可获得的能力，又是后天或先天的不足”。在他看来，制度就仿佛是组织所面对的一种脚本，因而制度化是一种无谓正面或者负面的过程。塞尔兹尼克认为这个过程就是“从不稳定的、组织松散的或有限的技术活动中产生有序的、稳定的和与社会环境相合的整体模型”。

塞尔兹尼克的观点融合了制度主义和自然主义的内核。与韦伯等人不同，塞尔兹尼克绝不认为组织就是一个被用来达成既定目标的理性工具。既然处于不确定的环境之中，组织就必然需要像任何生物一样，面对生存的压力，自然生长，优胜劣汰。因而，塞尔兹尼克认为，组织最重要的需求是“维持体系自身的完整与持续”。我们在这里能够找到他与帕森斯的功能主义分析的相同点，即从组织的需求与功能来倒推对组织的界定。斯科特视塞尔兹尼克的观点为自然论和功能主义分析的结合，前者认为其将组织结构既视为对参与者的特征和责任做出的安排，也视为它对外部环境做出的反应，它是有适应能力的有机体。塞尔兹尼克曾指出，

> 这就意味着特定的经验体系被人们认为有基本功能需求，并在本质上与自身维护相关。这种体系会产生重复的自我保护方法，并且每日的活动都被解释成维持和保护该体系活动的功能。

所以，塞尔兹尼克就会认为，组织的研究需要关注更为具体的“派生规则”，包括作为整体而与其环境有关联的组织安全、权威和沟通规范的稳定，组织非正式关系的稳定，以及对组织意义和角色的共识。但是塞尔兹尼克并不认为任何既定的组织脚本都能被视为制度化安排。在他看来，那些对组织存亡没有显著影响的决策或安排并不能被视为真正的制度化安排。塞尔兹尼克认为，仅仅关注组织内部的日常决策是不够的，应当把注意力投向那些“一经制定便使结构本身产生变化的关键性决策”。

制度的形成

简言之，塞尔兹尼克最关注的是组织制度的形成过程。尽管他认为组织的决策层可以在进程中对组织的走向产生巨大影

响，但是仍然需要区分那些制度性的约束。组织在各种进程中产生了独特的制度特征，而这些制度特征是在与外在环境的互动中自然形成的。

塞尔兹尼克的观点在他最为知名的《田纳西河流域管理局与草根组织——一个正式组织的社会学研究》一书中彰显无遗。该研究成书于 20 世纪 40 年代，距今已有数十年的历史，但它仍然影响着制度主义组织研究领域。在这本书中，塞尔兹尼克对 TVA（田纳西河流域管理局）进行了长达十年的追踪研究。该机构是由美国国会在 1933 年成立的，以更好地管理田纳西河流域的资源。专门设立这一机构的原因是该流域长期受到洪水的侵袭，导致该地区经济发展滞后。该机构拥有建设和管理大坝、疏浚河道、分配电力资源等权力。

作为一个正式组织，TVA 在其组织进程中遭遇了与其最初建立时设定的目标相悖的诸多挑战。由于该组织的官员多数来自本地，他们通常会将自身的利益诉求带入议程设定。组织在面对外部环境威胁的时候（如在 TVA 的案例中便是地方政治的压力），往往不得不同外界环境产生互动并做出必要的妥协，甚至因而转变原有的组织目标和管理结构。为什么与地方协商后的制度安排就是有效的？因为通过组织与外部环境的要素交换与调整，组织结构特征和项目能够更适应既定的外在约束，尽管这种妥协可能威胁了原本的组织安排。从这一角度来看，塞尔兹尼克开启了对于组织的制度化过程的关注，他尤其注意了在这一过程中关键战略决策的制定与外在环境约束之间的复杂关系。

在塞尔兹尼克之后，制度主义学派将目光更多地投向了更宏观的制度形成组织治理过程，并尝试总结出更一般的规律，其代表之一便是梅耶。梅耶被视为一位运用制度理论分析组织现象的著名社会学家。按照制度理论的理解，组织会受到环境的影响，外界环境（主要是文化、制度等社会建构的价值和规范系统）的约束与压力连同组织的理性选择会一起对组织的决策过程产生影响。对组织来说，其所处的技术环境对它的影响远比不上制度环境所施加的影响大。按照制度理论的理解，制度环境与效率机制的影响并不在同一层面上。制度是效率形成的前提，是组织得以运转的规范。正如斯科特和尼尔·弗里格斯坦的看法一样，“制度规范提供了效率标准得以建构的环境和框架”。换言之，什么是效率？这是由制度环境来定义的。一个组织一定是在取得环境定义的合法性，生存下来之后，才能考虑达成组织目标最有效率与效能的手段。

组织制度的合法性

梅耶在其知名的《制度化的组织：作为神话与仪式的正式结构》中，讨论了组织作为正式结构的合法性问题。按照我们之前的分析，韦伯的组织理论专注于组织的形式化理解，即层级制。层级制的核心问题在于组织的内部结构、控制和目标达成。梅耶接续了韦伯对于理性化的分析，他看到了组织的合法性问题也源于理性在社会系统方方面面的不断扩张。理性化的蔓延要求组织的形式与结构必须与环境中的主导模式相适应。所谓的“神话”也就是如此而来的。梅耶看到，比如全球化进程，实质上就是文化作为价值规范的扩张过程。在这一过程中，共识性的价值起到了主导作用。违背这一过程的组织在具体议程的执行中会受到强烈的阻碍。正如梅耶提到的：

> 许多正式的组织结构是合理化制度规则的反映。在现代国家和社会中拟定这些规则的部分原因是正式组织结构的扩大和复杂性的增加。制度规则就像神话一样，组织将其纳入其中，从而（从外界的认可中）获得合法性、资源、稳定性和更好的生存前景。与主要追求技术生产效率与较低交易成本的组织相比，在同一类型环境中的组织会运用制度环境所赋予的“神话”减少内部所需的协调和控制，并被用以维持合法性。比如，环境都在鼓吹学习型组织，我们公司也就发动组织学习运动，这较容易得到员工的认同，而有一致的行动。同样地，外面的人也因看到这家公司“愿意学习”而对其加以赞扬。结构彼此之间，以及它们与正在进行的活动之间是耦合的。代替规划、命令、检查和评价的是一种信任和诚意的逻辑。

当然，地方性的规则并不会轻易消失。一般化的理性化趋势最终会以仪式性的形式保留下来，组织也就会出现松散连接的现象。梅耶称之为“松散耦合状态”，也就是避免让组织变成人员、部门既高度紧密嵌合又连续运转的“机械体”，而让组织有较富余的空间，人员与部门间有较正式、结构更为宽松的关系。梅耶认为：

> 随着制度化神话的出现，组织结构被创造出来并变得更加复杂。在高度制度化的环境中，组织的行动必须支持这些“神话”。但是一个组织也必须关注实际活动。这两个要求有时并不一致。一个稳定的解决方案是保持组织处于松散耦合状态。

斯科特认为，“梅耶最早把这些一般的文化论观点运用到组织研究中”。梅耶的研究同塞尔兹尼克的研究的区别在于，前者更注重分析外在制度环境对组织治理过程的影响机制，而非制度的生成过程（尽管制度的生成和影响是一体两面的关系）。外在的制度环境对于组织的影响，就像宗教对于教众的影响一般：制度创造一种共识性的文化规范，从而通过这种共识的强迫力使得组织不得不接纳它。

对现代组织而言，理性化本身就是一个最大的“神话”。组织围绕在理性化这一“神话”周边，不断地被规范化和正式化。我们可以看到，理性系统视角追求组织的目标是非常明确的，达成目标有效率，也有效能，从而做大做强。自然系统视角则着眼于组织的合法性与生存，为了适应环境，尤其是制度环境，而能使内部治理机制不断演化，从而基业长青。

总体而言，梅耶看到了组织是位于开放系统之中的，组织必然受到环境（主要是制度环境而非技术环境）的巨大影响。这种社会性建构的观念体系和规范制度对组织产生了巨大影响，这种影响就好比轨道对火车的影响，它既能控制组织的结构，又能控制其运作。那么，制度“神话”产生的原因是什么呢？梅耶总结了三点。

第一是关系网络的发展，也就是制度的“神话”通过关系网络的口碑而不断得以传播，形成舆论的压力。

第二是组织所处的环境中的秩序化程度，譬如运用法律的权威让制度对组织进行合法化改造。

第三是产业、社会、政治领袖们的贡献。如果他们来自强大的组织，那么他们便会有动力将自身的制度规范推广到其他组织中。

事实上，梅耶和塞尔兹尼克都看到了组织治理过程中的两难：一方面是效率机制，另一面是合法化机制。前者是古典经济学强调的核心内容，而后者是新制度主义所关注的问题。在梅耶的基础上，迪马吉奥和鲍威尔进一步剖析了合法化机制中的组织是如何趋向同形的。“同形”这一概念源于化学领域的人们对元素同构的讨论。在新制度主义的理论中，“组织同形”被用来表述同一组织场域内的组织间所呈现的同质化现象。组织同形源于制度合法性的压力，因为组织为了顺应制度环境的压力以获得形式与结构上的合法性，减少了组织治理过程中的阻碍。

三

组织的相似性

组织同形理论

迪马吉奥和鲍威尔两位学者的研究至今都有不可忽视的影响力。迪马吉奥目前是纽约大学社会学系教授，他在 20 世纪 70 年代于哈佛大学获得了社会学博士学位，并在耶鲁大学和普林斯顿大学任教过。迪马吉奥的学术兴趣在组织社会学和文化社会学的交集域。鲍威尔目前是斯坦福大学社会学系、教育学院、商学院等的合聘教授，他在纽约州立大学石溪分校获得了社会学博士学位。值得一提的是，鲍威尔是我们之前提及的格兰诺维特的学生。因此，鲍威尔的新制度主义研究对他自己而言是个“意外”，他的主要研究其实是组织网络问题，比如前面不断提到的他的自组织研究。

在这二位学者看来，无论何种组织，包括企业、政府、社会组织，它们采取商业行为的原因通常不是出于效率的考量，而是这些行为能够为组织提供合法性，用来向组织的利益相关者展现组织处于正确的轨道之上。比如，组织的执行官通常要面对来自资方（银行和股东）及监管机构的压力，为了让组织的这些利益相关方对组织保有信心，组织通常不得不做出缺乏商业创造性和创新性的行为，最终导致出现组织同形现象。

迪马吉奥和鲍威尔的理论核心都写在了《重访铁笼：组织同形与组织领域的集体理性》（以下简称《重访铁笼》）一文，以及《组织分析中的新制度主义》一书中。在《重访铁笼》这篇文章发表之前，迪马吉奥和鲍威尔就指出了文化与经济的复杂关系。在他们看来，文化能够构架经济活动：在某些文化环境之下所用的文字、图示或日常实践中的脚本，都源于特定文化。因而，经济活动中的生产、交换和消费都与文化相关。韦伯早已指出，层级制是理性精神在组织行为上的表现，并且是一种高效且强大的控制手段，这种层级化的势头一旦形成，将是不可逆转的。迪马吉奥和鲍威尔则接续了韦伯对于组织变迁的讨论，他们指出了"层级化和其他形式的组织同形产生于组织场域的结构化过程"。

组织内制度形成的过程，或称为"结构化过程"，被迪马吉奥解释为如下四个方面：

- 场域中组织之间的交互作用不断增大。
- 组织之间明确的支配结构和联盟的出现。
- 场域中的组织必须参与竞争以得到不断增多的信息。
- 在一个共同的组织序列中，参与者之间的共同意识得以发展。

在这里，迪马吉奥和鲍威尔规定了"组织场域"和"结构化"这两个概念。组织场域实质上就包含了组织和环境两个要件。只要同一商业阵营中的不同组织被建构在同一领域中，强大的力量便会引导这些组织变得越来越相似。结构化在组织上的体现，便是同形。同形是一种强制性的过程，它使得集体中的个体被迫与其他大多数相关的个体的结构相似，以便取得社会的认同，而在相同的环境中生存下来。区别于迈克尔·汉南和约翰·弗里曼的组织生态学观点，即认为组织同形的机制是由效率机制导致的优胜劣汰、适者生存，迪马吉奥和鲍威尔更倾向于认同梅耶的观点，即组织同形还受到制度合法性的影响。正如霍华德·阿尔德里奇所言："组织需要考虑的主要是其他组织的存在。"

三种组织同形的外在压力

接下来，迪马吉奥和鲍威尔剖析了组织同形的三种机制。按照他们的理解，三种机制分别是：

1. 源于政治影响和合法性问题的强制性同形。
2. 对于环境不确定性的标准的反应所引起的模仿性同形。
3. 与专业化操作相关的规范性同形。

强制性同形源于组织所处的环境中其他组织对它施加的压力，或者是所处的社会中的规范与期待施加的压力。比如，商场被迫接受新的污染控制技术以应对环境条例的规定；非营利组织必须雇用会计以面对税法的要求；企业不得不对弱势群体施以平等的对待，以免影响企业形象。显然，迪马吉奥和鲍威尔在此的分析延续了梅耶和布赖恩·罗文的观点，他们认为：

> 在理性化了的国家与其他大型理性组织扩展它们的权力到更多、更广的生活领域中时，组织结构便不得不遵守国家制度与法律的一系列规则。

组织在这种影响机制下，会选择和外在制度一致的形式来组织自身的生产和经营活动。

模仿性同形与强制性同形不同，模仿性同形源于组织在不确定环境中对其他组织的主动模仿。这种同形更像是经济学更喜欢讨论的一种机制，因为它是一种组织的自主选择。按照迪马吉奥和鲍威尔的观点，咨询公司、行业协会等中介机构在模仿性同形中起到了重要作用。组织在面对不确定性时，往往会倾向于在成本低廉的情况下寻找可行的替代方案，那么已有的组织模型就是最好的目标。但是按照这两位学者的观点，模仿同形并不是完全理性的。在实务上，我们在组织变革中总是要立一根“标杆”作为努力达标的方向，或者社会总会涌现一些“典型”以鼓励大家学习，组织因此会在模糊的计算下选择它们认为更为合理或更成功的组织来模仿，至于那是不是真的合乎自己的需求，往往无法仔细规划。格兰诺维特在《社会与经济》一书中提到了一个案例：世界各大车厂一度认为“模组化”生产［也就是像 PC（个人计算机）一样，一些标准零组件经组装就能得到最终的产品］才是未来趋势，纷纷效仿，唯恐落后。但后来的事实证明这是一个错误，大多数车厂最后都放弃了“模组化”生产。

规范性同形与前面两种机制又不同，它源于专业化和标准化的要求。规范性同形起源于某一行业内或职业内专业人士的竞争。专业化为规范同形提供了两种动力。其一是它为组织提供了具有资质的专家背书的知识上的合法性，其二是它为组织成员提供了跨组织的职业网络的发展。迪马吉奥和鲍威尔指出，在金融、教育等行业中，规范性同形有更强的影响力。

> 专业人士间的信息交换有助于建立一个被普遍认同的地位等级，以及中心和边缘的等级，而这个等级就成了组织间信息流动和人事变动的社会环境。

专业化为组织内个体的晋升提供了指引和标准，那么个体也就会在不经意间按照规范行事。组织也就被专业规范打下了烙印。

通过这三种机制，迪马吉奥和鲍威尔预测了在哪些组织领域中，组织更有可能在结构、过程、行为等方面产生同形现象，相关的产业参数包括组织规模、技术和外部资源集中化等。从宏观上来看，这两位学者的讨论内容与种群生态学的观点有些关联，但实际上他们仍然在解决组织变迁中制度环境的影响问题。新制度主义在关注外部制度环境对组织的影响时，也关注了组织制度作为一种内生因素的重要性，尤其是这种内生因素为组织行为提供了合法性。为了反驳经济学过于宽泛的一般化假定——组织行为被效率机制支配。迪马吉奥和鲍威尔强调：

> 组织的同形化过程可能不会提升组织的经济效率，但一旦组织的绩效增强，这部分绩效就可能被认为是组织与其所处场域中的其他组织同形化的回报。

组织因为同形而取得了社会认可的合法性。合法性一旦得到认可，组织就更易取得环境提供的信息与资源，这不但促进了组织的生存，也可能为它带来更高的组织效率。从这一角度来看，社会学的新制度主义组织理论补充了关于组织在变动环境下的不同行为模式的讨论。

实际上，经济学也有一个“新制度学派”。其代表学者便是我们之前提及的威廉姆森。但是威廉姆森只是以制度理论的角度重新诠释了理性系统。因而实际上他代表的理论流派就是经济学的一个新制度学派。他这个学派被称为“Neo-institutionalism”，而社会学的新制度学派是“New institutionalism”。我们会注意到，社会学家大多持自然学派倾向，而经济学家大多持理性学派倾向。理性系统视角依然强调的是最大化效用、最小化成本、最高化性价比，经济学的新制度学派最核心的议题是最小化交易成本以做出针对治理机制的选择。这些概念强调的是理性设计，而非自然生成。

所以说，社会学家和经济学家写就的理论，一个是“New”，一个是“Neo”。一个字母之差，一个是经济学的，一个是社会学的，它们都叫作“新制度学派”。当然 Neo-institutionalism 也叫作“新制度经济学”，或者叫作“交易成本经济学”。概念的名称实际上是不重要的，真正重要的是概念的实质。那么其差异就在于，社会学的新制度主义强调组织在面对环境的变化与不确性时是如何不可能被设计的，而经济学的新制度主义是在告诉你组织是如何被理性设计的。

简单地说，开放系统中的自然系统视角着眼于面对外在环境的强制性，如何不可能做出组织设计。相较于上一章中理性视角强调组织在交易环境变迁中如何设计出最合适的治理机制，这一章告诉了我们相反的情况：面对外在制度环境的强制性，组织是无可奈何的。如果交易成本理论是开放系统视角下组织理论的“阳”，那么新制度主义就是“阴”，而复杂系统视角告诉我们的是一个阴阳相融的故事。

第十章

演化与韧性——复杂系统的动态适应

一

复杂科学的崛起

20 世纪 80 年代初圣塔菲研究所的出现标志着复杂科学的成型，它不是一门具体的学科，而是跨学科的新学术概念。复杂科学带来了研究方法论上非常多的突破和创新，它不仅引发了自然科学界的变革，而且日益渗透进哲学、人文社会科学领域。霍金曾经说“21 世纪将是复杂科学的世纪”。那么这样一个新学科的范式对我们的社会有什么影响呢？它是如何形塑组织理论的呢？在复杂社会中，我们需要什么样的思维呢？本书不断强调的用来研究组织的复杂系统视角或复杂思维，一方面是一个提供给我们解释万事万物的观点，另一方面是一个在复杂科学中提供给我们的科学研究工具。

寻根溯源，复杂科学最早是从物理学开始的，如普利高津的耗散结构理论就指出，物理世界也有很多自组织现象。经由各个领域的科学家补充，复杂科学逐渐发展出一整套理论体系，比如在生物演化、生态学、疾病传播、电脑电力网络、脑神经医学中就产生了诸多重大的突破。近来热火朝天的 AI（人工智能）研究也使用了复杂概念——用计算机模拟人的脑神经网络，将其变成可思考的人工智能。而在社会科学领域，复杂系统视角同样可以解释很多事情。再加上复杂学科的方法论与研究方法基础，这些观点就会变成社会科学的模型，用以收集大数据、验证模型、预测未来。它们不仅仅是新颖锐利的思维观点，更有其科学研究与建构预测模型的方法基础。谈复杂科学就不能不从普利高津的耗散系统理论说起，这类的科普介绍太多了，这里只非常简单地介绍一下。当我们用一个透明锅盛了水，下面加热，上面散热，到了一定的温度，锅内的水便开始沸腾，气泡上升，热流由下而上，却在顶部遇冷，冷流由上而下，最后进入一种平衡状态，在顶部稳定地出现六角圆柱体的花纹，被称为贝纳胞（Benardcell），这是自然界出现的自组织现象。

这一研究展示了复杂系统的一些最基本的特质。热力学第二定律指出，一个封闭系统内部会不断熵增，最后系统趋于死寂。但一个拥有诞生、成长或演化及死亡或灭绝的复杂系统却是一个开放系统。开放系统要从外界输入能量（或资源、信息），又要在内部自组织出一种秩序，如耗散系统中的贝纳胞。请回想一下，管理学是如何把复杂系统的概念逐步加入的？斯科特把系统的概念带入组织研究之中，所以我们开始视组织为一个系统。他还把各个管理学流派分成了封闭系统 vs 开放系统，以及理性系统 vs 自然系统。西蒙则看出组织与外在环境会交换资源与信息，开启了视组织为开放系统的研究。

一个封闭系统一定是在不断熵增之下，最后走上无序的。但开放系统却可能从外界输入能量，在熵减的过程中，得到新的秩序。这正是一个社会系统和外界环境（它的上一层次的系统）的“交易”或“社会交换”。西蒙研究的决策理论让我们看到系统内部因应外在信息输入所做的回应，而威廉姆森的交易成本理论则在谈治理这样的交易或交换所需的机制，以及因为治理交易而带来的成本。

而且这个新秩序来自自组织过程，是系统到了一个临界点就自然涌现出来的、新的、稳定的结构。换言之，它是一个逐渐积累，最终产生非线性变化的过程。自组织正是自然系统视角下组织理论一步步提出的概念，从巴纳德强调组织中由下而上形塑出来的力量，到梅耶看到了组织内的人会自组织成非正式团体，最终，鲍威尔的网络治理、奥斯特罗姆的自治理和格兰诺维特的镶嵌理论，都展现出自组织治理的模式，本书的整个结构正是要以自然系统理论的发展衔接上这个复杂科学最重要的概念。

那么，理性系统视角为什么这么重要呢？第一，谈组织理论不能不谈理性系统，毕竟组织管理都源起于韦伯、泰勒、法约尔的理性系统理论。而且在 20 世纪六七十年代以前，由下而上的力量不是被视作干扰，就是被视作需要协作的对象，很少有学者体认到自组织引起的社会秩序的变化。第二，理性设计即使在自组织十分发达的社会系统中也发挥着时时干预的力量，这就是为什么本书开宗明义便要探讨“英雄”在“时势”中的作为。第三，理性设计或理性控制的力量一直是系统中多元力量的一部分。多元力量的消长与平衡正是复杂系统研究的重要议题。在耗散系统中由下而上加热的水，过了临界状态就会成为水蒸气，这就是水的两个相（phase），其间的转变就是相变（phase transition）。在外界不断输入能量之后，系统就会远离平衡状态。当上下热能的输入与输出达到平衡时，自组织状态的贝纳胞就会展现出来，系统便由一个相转入另一个相。当热的输入继续增加，这短暂的平稳状态又会改变，相变再次发生，变成水蒸气。也可能热能减少，系统回归液体的相。

关于相与相之间的转变，系统崩解（system catastrophe）理论以尖点模型（cusp model）对其做了解释，在两个吸引子（attractors）间的引力消长中解释远离平衡态及相变的发生。本书第一章曾借胚胎发育坡的譬喻来解释"英雄"与"时势"的关系时，就借用了吸引子的概念。"时势"就是山势，吸引子让山上的大石沿着坡道滚向山下的定点。但在这个系统演化的过程中，因为不同吸引子的作用，系统不会是单线直进的，而会有很多的分岔点，所以不同系统可以有相同的起始条件，甚至十分相近的环境条件，但却在一次次的分岔中形成了完全不同的演化路径，因而会有完全不同的结果。理性系统视角让我们看到了对系统干预的可能性，可调节自然系统中生发出来的"势"正如第一章的比喻，"英雄"们不会逆势推石上山，但却懂得在分岔点上发挥四两拨千斤的巧劲，使滚落的大石各就各位。社会系统变革一直是社会科学研究的重中之重，但变革之势绝非不可控的，如何驾驭多元势的崛起？管控多元势的交互与转折正是复杂系统管理学要探讨的议题，这也正是理性系统视角那么重要的原因。

多个吸引子之间会形成正负反馈，某些力量在正反馈中会不断地被放大，终致全面掌控整个系统，发生相变，最后系统旧形态消逝，新形态诞生。有些会崛起后又消亡，还有些老的势力可能会回潮，也可能逐渐减弱而让位于新势力。系统在一次又一次的分岔点上走出不同的路。在本书第四章谈及的复杂系统演化的定性研究——教堂变革的分析——中就可以看到，老的结构与行为仍在坚持，新的不同方向也在多方探索，相互激荡，时消时长。其间，扶贫类的行为在教友内部、城市政策、财政募款和社会舆论的正反馈中得到放大，从而改变了教堂内外部的关系结构。新的教友与新的人际关系网络又进一步促进了扶贫类的行为，终至教堂的性质发生根本改变。结构与行动的正负反馈正是系统演化的动力源，其共同演化研究可以预知“势”的崛起与衰落。本章最后一节便引用了作者的一个产业演化模型来谈大数据如何使这样的研究变成可能。

当我们把宏观尺度的系统演化与微观和中观的行动及结构分析联结起来时，关系与关系网的研究就成为关键。本章后面两节将从两个领域的复杂科学来介绍这个微观、中观过程，一个是生命科学，谈的是生物的合作共生；一个是物理学，谈的是复杂网。

我们在这里推荐复杂科学的研究，是因为我们身处日新月异的信息时代，未来的世界一定是复杂社会下的复杂系统治理思维当道的世界。复杂思维是一种看待万事万物的系统性思维，它本身不是科学，但却可能在很多学科中发展出科学的理论，而复杂科学研究也必将使复杂思维能不断发展，和实务技术与实证研究深切地结合。就如本书探讨的管理学，并不是一门科学，而是科学、思想与技术结合而成的知识体系（依明茨伯格的用语，是“科学、艺术与手艺的体系”）。同样，复杂系统管理学也是复杂科学、复杂思维与其发展出来的管理技术相结合的体系。

另外，我们将在第十二章中论及，中国人自带三分复杂性思维，所以在信息社会，我们有推动未来新治理思维的天生优势。当然，最重要的原因是，推荐大家关注复杂系统的研究，是希望能帮助大家了解组织理论中的复杂系统视角。

复杂系统视角与组织理论的结合带来了对复杂系统管理的研究与认识，本书从“理想类型”的韦伯式层级管理谈起，简要地介绍了每个重要发展阶段的代表人物的理论，并探讨了他们的思想中那些滋润了复杂系统视角的成分。在这一章，我们将介绍复杂科学在其他领域的两个代表人物，一个是致力于生物演化研究的诺瓦克，一个是引爆复杂网研究的物理学家巴拉巴西，他们的复杂科学研究同样滋润了组织管理领域中的复杂系统视角。

不过我们要有所警觉，复杂系统视角的组织理论与管理学是扎扎实实建立在相关领域的研究之上的，而不是由其他学科的研究成果提供一些“譬喻”，将其他学科的模型简单地套用在社会现象上。因为社会科学的研究方法和自然科学的有所不同，比如我们无法询问几百万只蜜蜂自组织的分工背后的动机，也无法问自组织起来的分子为什么要这样做。但社会科学的方法却可以让我们知道一群自组织的人的背后动机是什么。另外，其他复杂科学的研究成果也不一定就是“普遍法则”，它们不一定能套用在社会的复杂现象上，比如大脑的千亿脑神经细胞就可以层层自组织起来，直到涌现人的自由意识。而在人的自组织中，往往两层的自组织不超过两三万人，三层以上就很难自组织，而必须有由上而下的核心控制力量。又比如，大多数复杂网如网站间的超链接网或地理上的城市间交通网都有“无标度网”的现象，这都是“偏好连接”（preferential attachment）造成的，也就是网络中的“网红节点”会吸引更多的节点去连接它，“大者更大”“富者更富”的现象就会发生。然而相同的现象也发生在美国生物科技企业的投资者网络中，只是其成因不是“偏好连接”，而是追求投资流行趋势。

唯有深入研究复杂组织的真实内容才能得到有用的相关知识，其他任何学科的复杂模型的简单套用极可能误导了我们对复杂系统管理学的正确认知。

二

超级合作者

合作：物种演化的第三种机制

生物界也有很显著的“关系”现象，黏菌变形虫会聚集化，以求得整个种群的生存，这就是生物体合作共生的范例，在物种演化过程中扮演着重要的角色。

马丁·诺瓦克是一位在生物学中引入复杂系统视角的著名学者，也是一位顶级的生物学家。他建立了哈佛大学、普林斯顿大学和牛津大学的一个生物演化学和数据计算结合的学科，在5年之内发表了约150篇论文，而且重量级的论文比比皆是。同时他还是一位科普作家，《超级合作者》就是一本把他的研究深入浅出地介绍给我们的好书。在我看来，这本书从生物本性去论证我们的社会是一个复杂系统，从根本上为我们社会科学界寻找到了重大的理论基础，所以它是我们所讲的复杂系统管理学的一块基石。

诺瓦克的研究核心是分析演化机制，过去我们都相信两个最重要的演化机制，一个叫作“基因变异”，一个叫作“天择”。顾名思义，基因变异是物种随机性发生基因突变，因而带来性状的改变。“天择”就是当外在的环境发生变化的时候，在基因突变的新物种中，适者生存。演化就是这两个机制的结果。而诺瓦克却相信演化中具有第三个且最为重要的机制——合作。所以他的科普书叫作《超级合作者》。这是任何物种基因中携带的本能。

这个“合作来自本能”的观点对于复杂系统视角框架下的经济学和社会科学研究是一个基础性的理论支持，而它对某些经济学学派及理性选择学派可能会有颠覆性意义。过去，以古典经济学、新古典经济学及理性选择学派为代表的一些理论假设都是基于以下观点的：人是自私自利的，即所谓的“理性经济人”——工厂要最小化生产成本，个人需要最大化自己的效用，组织架构的设计要最小化交易成本，几乎所有的经济模型都是从这里开始的。由个体决定了最小成本、最大效用的行为模式之后，个体行为的加总就成了总体，从而形成社会的均衡，这就是化约思维。紧跟着这样的思维的是竞争，最后是效率。于是这样的一套系统成了很多学派的理论基础。这个基础的思想来源之一，正是达尔文主张的“物竞天择”，以及其后发展出来的“社会达尔文主义”。

竞争重不重要？当然重要。看到我们改革开放前后的变化，你就知道为什么“时间就是金钱、效率就是生命”“发展竞争力”等的口号会铺天盖地。竞争是人性，它很重要，但是它并不完整。因为这是化约主义中的一种思维，个体行为都是在追求自己的利益最大化，是很个人主义的，好像周遭的其他人是不存在的，更好像场域环境中既有的制度的、规范的、信息的约束性也是不存在的。这里的个体不仅仅指个人，也包括一个圈子、一个团队、一家公司或者一个单位。一旦从个体到集体，这个类型的思维就是集体等同于个体的加总，但实际是不是如此呢？现实中，整体不仅包括个体行为的简单加总，还包括个体间的互动形成的复杂网络结构。我们提到的复杂系统视角下的组织结构，正包含了复杂网，还包括结构演化、行为演化，这就是复杂系统的演化过程。

人和人为什么要合作呢？诺瓦克进一步问道，一个物种内部、物种与物种之间为什么要合作呢？

囚徒困境理论让我们了解到，在理性选择之下人为什么会合作。很简单，就是因为有共同的利益。但是只要这轮合作是最后一轮，我保证会骗你，因为反正没有后面的利益了，只要保证我在这最后一轮的利益最大化就可以。或者说，如果我知道我这次骗了你之后我可以得到一大笔利益，它超过以后的所有继续诚实合作的利益，我就必定骗你。这就是理性的选择。

但是另外一个问题来了，在长期的进化中，我们会发觉各个层次的物种，乃至最高级的人类，都有很多利他行为。这怎么解释呢？看不到个体的利益，甚至还有自我牺牲行为，这怎么解释？小到一群细菌的共生——有的细菌会自杀，变成其他细菌的养料，为什么？这本书就从这样一个问题出发，开始谈在演化的过程中，物种其实有一种天生的利他主义的基因，而这是演化中非常重要的机制，如果没有了这个机制，整个生物演化或许就不存在。这个观点是诺瓦克带给我们最大的启示和最重要的发现。

由此，我们回到复杂社会及复杂组织的研究。在复杂系统视角的框架之下，我们看到的是网络结构，而网络结构的来源是人与人的合作，而合作源于我们的基因。

合作和自利的心理相反，但同时又并存。人是有同情心的，人可以因为在一个群体中有认同感，最后会产生利他主义行为。这种合作关系就远比赛局理论中讲的那种完全基于利益的合作稳定。所以由认同形成的合作，是人与人的互动，由此产生网络。人们最后追求的不是效率，而是永续。就好像物种一代代地演化，个体会消失，但物种可以不断地传承下去，生生不息。

在演化的过程中，不管在哪个层次，都有非常多的合作行为，最小的层次，在原生汤中开始，从无机物变成有机物。这些无机物是怎么连接的？形成了怎样的结构？乃至于有机物之后形成的生命体，DNA（脱氧核糖核酸）和 RNA（核糖核酸）是怎么把上一代的信号传给下一代的？等到终于有了一些最简单的比如细菌这样单细胞的生物体，它们竟然也是群居。共同生活，互相寄生，才能够一起生存。这里就包括我刚才举的例子，竟然有细菌自杀以供其他细菌存活。所以这里的驱动机制不是物竞天择，不是说一个细菌自己活了就好，被选择下来就好，一个细菌会自杀，但是它的物种或者一群共生的细菌可以因此一起活下去。

再到细胞和组织器官，我们都希望身体的所有细胞不要随便增生，按照 DNA 编码好好地合作，有秩序地增生和死亡。哪一个细胞乱增生不肯合作，那就叫癌症。再到形成种群和群落，蜜蜂、蚂蚁是怎么进行合作的？能够成为一个活下去的种群，乃至于不同种群间还有共生关系，它们是怎么形成这样的生态链，进行系统协调的？最后到高级物种的社会，就进入了本书的主题：人的社会。人的组织是如何复杂连接，合作共生的？

诺瓦克的研究从生命的生发，一直到高级物种的社会，探讨的是要如何合作才能永续共存的问题。

演化中的5种合作机制

社会网理论研究的关键议题就是人的合作，这已经到达了一种无法想象的高级阶段。我们今天喝的一杯咖啡，可能来自七八个国家的人的共同努力，这是一条多长的产业链，有多少人在这里合作？如何避免在这么长的一条产业链中出现背叛者？大家是怎么整合起来的？这让人感到不可思议。尤其是我所讲的社会系统中的复杂网，人的合作和网络是更复杂的一件事。因此诺瓦克介绍了五种重要的合作机制：直接互惠、间接互惠、空间博弈、群体选择和亲缘选择。

第一，直接互惠。这种合作机制的关键词是交换和同理心。直接互惠最简单的例子就是猴子之间“我给你梳梳毛，你也会给我梳梳毛”的情况，这是基于一种简单的平等交换原则。但为了让直接互惠发挥作用，双方需要不断地重复接触，这样才能有机会用一方的好意回报另一方的好意。诺瓦克分析了这种合作机制下的各种博弈策略，他指出：

> 并没有哪一种策略是真正稳定的，合作的成功不仅取决于合作行为能维持多久，还要看多长时间才能出现再次合作。

第二，间接互惠。从社会网学派的角度来说，就是朋友的朋友是朋友，信任是可以传递的。为什么朋友的朋友是朋友？比如A是你的朋友，A信任B，你信任A，所以你会信任本来对于你来说是陌生人的B。这就是间接互惠。间接互惠创造了一个非常重要的东西，它也是这种机制的关键词，叫作“名声”。我们付出成本与某个人合作，不指望这个人给予直接的回报，而是相当于获得了一个名声，确保将来能从其他人那里获得回报。这种机制对于我们的社会规模和社会网结构的复杂化是至关重要的。

第三，空间博弈。我举一个例子：在我们研究复杂系统的演化时，最简单模型的结构就是你会影响你的邻居，你的邻居也会影响你。比如，谢林曾在一个围棋棋盘上做了一个很简单的实验，围棋中有白子和黑子，如果一个黑子被白子包围了，就是如果它的周边都是白子，这个黑子就可以弹起来再随便跳到另一个点；如果是一个白子被黑子包围了，它就可以跳起来，随便再落入一个点。经过无数次实验之后，最后他发现棋盘上黑子和白子是泾渭分明的。研究者用这个小实验来解释为什么美国会有不同人种间的居住隔离现象，这不是法律造成的，这是一种很简单的机制：白人发现周围黑人多了就会搬家，黑人发现周围白人多了就会搬家，就自然形成了这个结果。这就是空间博弈。

再复杂一点儿，我们可以设定这个过程中的同化者和背叛者。比如如果旁边有三个白子，你就变成了白子，成了同化者；周围有八个白子，你反而变黑了，那么你就是背叛者。经过了这样一些设计之后，你最后会发现，在背叛者处于混乱局面的过程中，合作者合作得非常愉快，还可以持续不断地扩大种群，最后往往是合作者多的那个颜色获胜。

诺瓦克得出了这样一个结论：在一个充满不确定性的混乱世界中，不需要复杂的策略和聪明的思想，一群合作者会有更大的机会稳定生存下来，而且碰到另外一群合作者还可以组成一个更大的合作结构，活得越来越稳健。到一定时候，合作者就会替代背叛者，成为主流，而整个生态系统就因此变得非常稳定或可持续。

在实践中，我们“古老的智慧”会说诚实与互惠才是为人处世的最好策略，空间博弈正是这个“古老的智慧”的科学论证。今日社会中太喜欢以“权谋”和“宫斗”作为成功的关键，其实这是误导。你会很自然地跟你的邻居互惠，当然这里的邻居指的是地理空间的，不是关系空间的，关系空间更接近于间接互惠。

第四，群体选择。比如，你是一个团体的会员，你就会和其他会员之间有一种共识，大家有着共同的目标。比如我们都是某位演员粉丝会的会员，为了他的生日，我们发动一个什么样的行动，声势浩大，这就叫认同的力量。诺瓦克依然是用生物做例子，只要群体中的个体愿意为群体利益付出自己的代价，那么，这样的群体就拥有生存优势。

第五，亲缘选择。这种合作机制最特别。诺瓦克讲到了一个有趣的例子。英国有一个著名的遗传学家叫霍尔丹，有一次在酒吧里，有人问他是否会为了救一位落水之人而置自己的生命安危于不顾。霍尔丹在纸上算了一会儿，回答说不会，但会为了两个亲兄弟或者八个表兄弟这样做。他的回答来自这样一个观点：个体的关键目标是让自己的基因延续到下一代，那么他就有理由付出成本为携带相同基因的亲属提供利益。更简单地说，就是与谁的血缘关系越近，我们就越愿意努力与谁达成合作，这是一种合作进化的有条件机制。

这些不同类型的互惠结构很自然地就会形成合作网络，这回答了合作和复杂系统视角的关系。诺瓦克的理论就在回答这样一个最基础的问题：我们今天人与人互动的复杂网络是从何而来的？根源来自积极心理——同理心、认同感、情感和利他主义，这比竞技规则中的利益算计更重要，其形成的关系网络也更稳定。回过头来，我们可以看到，组织理论的理性系统视角似乎看到了“物竞天择”，却没看到合作的重要性，所以总以为在组织的分工与整合中，靠着流程、规章、制度及命令系统就能做好整合，有好的组织设计就能在“天择”中胜出。殊不知，发展关系是深植在各物种的基因之中的本能，也是演化成功、天择而存的关键因素。同样地，这更是人类社会的本质，在组织内人与人结成关系，发展自组织既是自然而然的，也是面对外在环境变化时，能够合作共生，带动制度创新，使系统能适应环境而生存下来的基础。

三

复杂网的"链接"

引爆复杂网研究

20 世纪最后一年，两位物理学家引爆了复杂网络的研究，一位是当时的物理学博士生、现在成为社会学家的邓肯·华兹，他提出了"小世界网络"；一位是巴拉巴西，他提出了"无标度网络"，他所写的科普书籍《链接》是认识复杂网结构科普书中最好的一本。用一句话介绍这本书则是：复杂系统有其共同的一些原理，这本书就在试图揭示这些原理到底是什么。当然，任何科学家，包括巴拉巴西在内，都会很谦逊地相信，人类的知识在广袤的科学世界中还是有限的。但是人类到今天所揭示的一些原理，还是有相当高的启发性的。

想必很多对社会网、复杂、信息社会之类议题感兴趣的读者都十分熟悉巴拉巴西，他可以说是引爆复杂系统研究风潮的人物。他是一位优秀的物理学家，同时也是一位科普作家。他写的关于复杂系统研究的科普书，大家比较熟悉的是《爆发》和《链接》这两本。《爆发》相对难懂，它讲的是历史中小小的扰动会带来整个系统的大变化。按照中国人的说法就叫作“失之毫厘，差之千里”。对于这些小小的扰动，当我们把它们记录下来时，找不到任何脉络，好像它们是偶然事件，历史是由一连串偶然带来的结果。但巴拉巴西告诉我们，偶然中又有必然，这是社会中“蝴蝶效应”的真实意义。这个必然，就是复杂系统中的原理，但是它隐藏在各种历史场景中，读起来就很隐晦。

而《链接》这本书不同，他在其中有计划地介绍了复杂系统到底是什么，可以说十分具有学术权威性，但是又深入浅出，相当容易看懂。

巴拉巴西是一位匈牙利人，他特别热爱他的家乡。他的学生在各大名校教书，他自己却在美国东北大学。我曾在餐聚时很好奇地问他，为什么会待在波士顿的东北大学？居然是因为学校完全不管他，让他大多数时间可以待在匈牙利——自己的家乡。《爆发》那本书中也用很大的篇幅讲了匈牙利的一段历史，很多人看得莫名其妙，但我们现在知道原因了，其实这只是他爱家乡的反应，因此他选了一个匈牙利的“小搅动”来看“大历史”。

另外一个很有趣的地方是，《链接》这本书的第四章中，介绍了一个埃尔德什数（Erdõs number）。这个数可以反映一个数学家在数学界有多重要，因为埃尔德什这个人是数学界的一个最大枢纽点。复杂系统管枢纽点叫作 hub。一个数学家和埃尔德什是一步链接，就是指双方直接合作写过论文；两步链接，就是指他和他的合作者合作过。这决定了你在数学界中的重要性。当然，这只是一个说法，一定还有一些链接不是那么高，但是极为重要的数学家。埃尔德什也是匈牙利人，他完全不在乎体制，他认为有没有在大学任教根本不重要。他到一座城市就跟那个城市的人讲，谁有好问题，我们就来解，走到哪里就和别人写论文。所以埃尔德什一生发表了 5 000 篇论文，是整个数学界最大的“枢纽”。巴拉巴西也有点儿这个意味，他不愿意待在某一所名校，也从来不在乎东北大学比不上斯坦福大学、麻省理工学院等名校（他的一些学生反而到了这些名校），到处“走穴”，找人家谈学问。这种习惯很有趣，不晓得是不是匈牙利传统。

必须说，巴拉巴西在非学术人群中把复杂系统研究做了非常有效的推广，里面有很多精彩的例子。对我而言，这等于把曾经读来的各类复杂系统研究的理论做了非常好的梳理。

复杂网演化的 8 个关键概念

复杂网之所以越来越被重视，来自大家开始发现一些有趣的事情。比如《链接》一书开篇讲到的一个事件，一位黑客少年，竟然使政府重要网站瘫痪了。大家会忽然察觉，为什么我们的互联网这么脆弱？还有一个我曾亲身经历的重大事件。1996 年，我刚好去美国加州，晚上和朋友吃饭，忽然整个旧金山停电，一下子蔓延到西部的 13 个州之多。大家就会问，为什么电力网络这么脆弱？是什么原因？怎么造成的？在这种情况下，复杂科学的研究开始受到了重视，也说明复杂科学可以解决问题。特别是进入高度互联的信息时代之后，身处互联的社会，我们竟然对互联的本质毫无了解，所以《链接》的第一章就在谈这个问题。该书接下来的八章内容，我用八个关键词来解读。

第一，“随机网络”。追溯整个复杂科学最初的发展，就是我们前面讲到的数学家保罗·埃尔德什，和另一位匈牙利数学家阿尔弗雷德·莱利，他们用早先莱昂哈德·欧拉发展的图论方法，把我们每一件事情的两两关系给画了出来。所以说，我们的社会网络分析基本上建立在图论的数学基础上。他们两个人在这个基础上发展了随机图的概念。图中有节点与连接两个节点的线。假设一个小城市里有 5 万人，他们的关系是怎么形成的？是不是随机的？随机的意思是，任意两个人建立连接是随机的，最多可能有 12.5 亿个可能的关系，但实际的网络密度却只有 2 500 万——12.5 亿的 2%。假设他们之间原来没有任何关系，这 5 万人互相都是陌生人，现在开始建立关系，即可随机建立 2 500 万个关系。我们有一种说法叫作“陌生人社交”，即两个陌生人碰在一起建立关系。正因为完全随机，所以随机网络是一个高度平等的网络，这成了复杂科学中网络研究的发展基础。

第二，“六度分隔”。简单来说，就是社会网络中任何两个人，平均只需要六步连接，就能建立联系。1967 年，哈佛大学的斯坦利·米尔格拉姆做了一个实验，这个实验非常有名，他的目标是测量美国任意两个人之间的社交距离。对于两个被随机选择的人来说，需要多少个相识的人的关系，才能把他们连接起来呢？这个实验最后的结果是，平均需要的中间人数是 5.5。四舍五入之后是 6。这个结论意味着，虽然人类的社会网看起来非常庞大，但我们其实很容易链接其他节点。比如在社交场合中，我们就常常会发现，与初次见面的人原来有着共同的朋友，这就是“小世界”现象。

第三，“小世界”。为什么说我们生活在一个“小世界”中？“小世界”网络有怎样的特点？真实的世界不是那么随机的，人们会因为他过去的关系，延续成为他未来的关系。相同背景的人、有共同兴趣的人会喜欢抱团，这样就会形成小圈子。所以，在“小世界”网络中，大部分节点看似并不相连，但节点之间经过少数几步就可以到达。

人们都活在自己的小圈子中，华兹称之为“洞穴人”（Caveman）模型，也就是山顶的洞穴中住了一群人，他们之间的关系在日夜共居下又紧又密，但从这个山顶的洞穴到另一个山顶的洞穴，在两个“圈子”间建立关系却难之又难，关系少之又少，这就是洞穴人模型。洞穴人模型并不是指在大网络中的任意两人随机建立关系，而是划分成群。假定上述小城市中的 5 万人被分成 500 个群，每个群有 100 人，每个群内部的密度为 100%，外部密度为 0，5 万个“洞穴人”，基本上活在自己的“洞穴”中，和其他“洞穴”的人都不认识，这就是洞穴人模型。它符合我们的“物以类聚，人以群分”的说法。

“小世界”是怎么形成的呢？是一些洞穴人不安于自己的洞穴，喜欢去很远的另一个洞穴，复杂网称这种人为长距离的“桥”。在现实世界中，比如我是中国人，但我在美国求学，交了很多美国朋友，这两个“洞穴”就有了“桥”。再比如我是社会学家，却喜欢跑到管理学界、计算机学界和系统科学界去学习，这些原本没关系的“洞穴”间就有了“桥”。所以，远距离的交流就把这些“洞穴”迅速地拉近，本来是 500 个“洞穴”不相连接，现在总体密度不变，“洞穴”内密度降为 98%，却有 25 万个关系是跨越圈子的。本来两个“洞穴”之间隔得很远，但你的“洞穴”里有我这样连接其他“洞穴”的人，即喜欢当“桥”的人，你认识了他，就很容易联系到遥远“洞穴”的人，让他们变成你的“朋友的朋友”。于是对于那些遥远的以为不会有关系的人，一问才知道，原来他们是一条“长桥”的共同朋友。不禁令人感叹，这就是“小世界”啊。

第四，“枢纽”。什么是枢纽？如果我只是在自己的一个“小洞穴”里面当“王”，我就是一个小枢纽，但这不是真正的枢纽。谁会成为真正的枢纽呢？有这样一个人，他超级有活动力，不但在他自己的“洞穴”中活跃着，而且连接了 30 个“洞穴”、50 个“洞穴”。他成为很多人认识其他人的关键人物，我们称这种人为“枢纽点”。

我们发现，“枢纽点”有一个特色，因为他跨越了数十个圈子，所以他往往是大家都想结交的对象。比如一个社会学家想认识管理学界的人，他发现我是那座“桥”，就会来找我，跟我结交。而一个管理学家想要认识社会学家，他也会来找我。所以，就会出现一些连接特别多的人。如果一个人在一个小圈子中间当“枢纽”，顶多有两三百个关系，但有些人身上会出现几千个关系，而且其中很多是“桥”的关系。学术上称这群人为“精英网络”(elite network)，俗名就叫“富人俱乐部”。这使我最先想到乌镇的互联网大会。互联网产业社区是一个大社区，互联网大会晚上那场宴会，就是“富人俱乐部”，最重要的几个“枢纽”会聚在一块儿。我们在做风险投资行业研究的时候，也会发现有几十家大投资机构是“大哥级”的投资公司，它们还会形成一个圈子，而它们旁边围绕着几百家、上千家小投资公司。如果一个人是这个枢纽群中的“枢纽”，那这个人就是整个网络真正的核心了。

第五，“幂律”。这是巴拉巴西的核心研究。什么叫“幂律”呢？巴拉巴西发现，在复杂网中，包括产业网和互联网世界，连接数的分布是幂律分布的。幂律分布是什么意思？最典型的就是社会的财富分配。比如财富值形成的梯队，拥有 1 000 亿美元的人有一个，500 亿美元的人有两个，250 亿美元的有四个人，以此类推，财富总量越少的人数越多，而且成一定比例地增加。所有的复杂系统几乎都会出现这种现象。当然，也存在不那么完美的幂律，可能头部稍微平一点儿，尾部更长一点儿。幂律最突出的特征不是有很多小事件，而是大量微小事件和少数非常重大的事件并存。在有互联的任何事情中，基本上都有这种现象。人与人之间互联，互联网中网页和网页互联，电力网络、电站和电站之间、电脑网络用户和用户之间，都有幂律分布这种现象。幂律说明的是网络中财富、资源、权力、信息的集中度。

第六，"富者越富"或"赢者通吃"。它的名称叫偏好连接（preferential attachment），即越是资源多的节点，别的节点就越想和它发展关系。就好像本身就有钱的人，更多的人会愿意去与他产生连接，所以先富起来的人会越来越富。当你成为一个网络中的"大节点"时，就会有很多"小节点"想要与你产生连接。这个理论其实是动态复杂演化中的一个最重要的机制，它强调的是复杂网络中的先发优势，到最后赢者通吃。比如微软在 PC 操作系统中几乎是垄断的。即使是移动操作系统中的安卓和苹果，其垄断率也不会过半，但是微软的垄断率已经超过八成，这叫作"赢者通吃"。网络中的一个大节点往往是一枝独秀，其他一堆小节点，分一点点剩下的流量。

如果只有"富者越富"这一种演化力量，网络最后一定就会高度贫富不均，且集中度会越来越高，在现实世界就会看到社会阶级固化，组织威权越趋集中市场垄断越烈，等等。但事实上，这种现象会被打破，可能你虽然没有先发，但是你找到了新的"风口"。《链接》一书中就谈到了谷歌的搜索引擎让大家找到了新的连接方式，打破了新浪门户网站的“富者越富”，创造了新的“风口”。为什么？

我们称之为**“适者越富”，这是第七个关键词。**适者，“势”也，就是那些可以引发大量新的连接的人。所以，后来者可以居上。如本书第一章和第三章中谈到的，复杂系统视角很重要的研究之一，就是势的分析——“势”的建构、“势”的崛起、“势”之间的相生相克、“势”的“拐点”等。

第八，“复杂系统的强韧性”。为什么我们的互联网、电网那么容易瘫痪？再回到我们现在的社会问题，贫富差距为什么这么大？为什么黑天鹅现象这么多？于是科学家们开始做实验。在一个网络系统中，你可以随便攻击哪一处连接。强韧性就是要打掉多少连接之后才能最终使整个系统瓦解。比如已经形成了好几个区块的节点，到最后这些区块内部不断变得稀疏，外部的节点全部断开，本来是一张 5 万人的大网络，最后变成这边一个 1 000 人的，那边一个 2 000 人的，还有只剩下 100 人的，分裂成一些孤岛，简单来讲就是系统解体了。强韧性高就会久久受攻击而不被瓦解，反之，一个脆弱的系统很快就会崩溃，所以好的系统网络结构耐得住风吹雨打而能长存。一个有韧性的组织或社会系统，正是一个基业长青、生生不息的系统。

四

复杂网的应用研究

复杂网与传播

过去的传播研究往往忽略了关系、网络结构，所以总是预设人与人之间的传播是“布朗运动”，就好像空气中的气体分子随机踫撞，碰到谁就和谁互动或互传。这样的传播预设了一个 S 曲线的传播过程，也就是经过一段初始的不稳定期后，到达一个引爆趋势的门槛数量（threshold），接着是爆发期（outbreak），是以指数型规模上升的阶段，最后进入平缓的微量增长期。

在传染病的模型中，SIS 模型所展示的就是这样的动态成长，S（susceptibles）是疑似被传染，I（infected）是确诊病例。第一阶段是 S→I，疑似感染者真的受到感染而得到确诊；第二阶段则是 I→S，受感染者康复了却不能免疫，仍然是疑似患者。其动态成长如图 10.1 中的上图，数量随时间呈现为 S 形成长。而 SIR 模型则是第一阶段仍是 S→I，第二阶段则是 I→R（removal），受感染者康复了且能免疫，所以成长曲线如图 10.1 的下图，是一个倒钟形曲线，受感染者达到高峰后又迅速下滑。

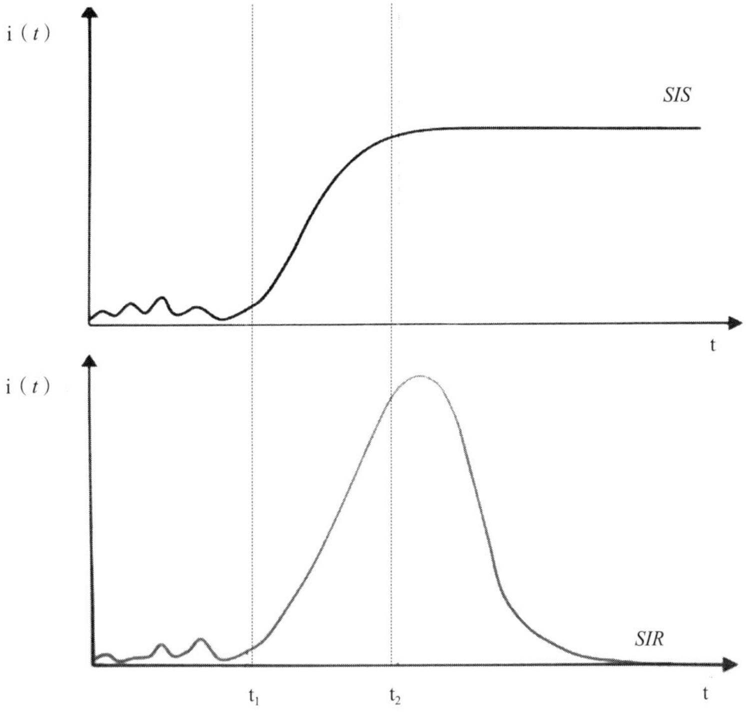

图 10.1 传播过程动态成长示意图

早期的创新传播也使用了相同的思维。埃弗里特·罗杰斯认为，创新传播的变化趋势就是一个 S 曲线形态。他认为，一个新发明的早期使用者往往敢于“标新立异”，在社会上多处于边缘，一旦使用者中有了主流人群，尤其是社会地位高、公众熟知度也高的人采用了它，则会一下子越过门槛人数，引爆趋势，直到后知后觉者在社会压力下也采用该发明，才进入平缓成长期。一些易使用、效用高的新产品，如电视机、互联网，确实是如此传播，而很多其他的创新则明显不是，有的只在少数社群中被采用，有的有了引爆高峰却又很快沉寂，有的高峰非常“矮”，只占了市场的一小块就和旧产品并存了，还有的在长时段几次爆发又几次沉寂，这又如何解释呢？

华兹的小世界网络和巴拉巴西的无标度网络正好可以用来解释这个现象。以传染病的传播为例，早期用数据拟合 SIR 模型，可找出模型参数，用来预测疫情的指数曲线，预测需要多少床位、医护力量等。有一些传染病传染能力很强，比如流行性感冒经飞沫就能传播，所以其传播途径就像“布朗运动”，在陌生人间就能传开。人传人永远最可能传播的是周边的人，传播途径永远和社会网的结构相关。

小世界网络是在两个极端模型之间的形态，左边就是前述的“洞穴人”模型，大家都住在自己的社区（或社群）之中，社区之间没有任何联结；右边则是之前传播理论所假设的“布朗运动”型社会，人与人的关系都是随机建立的。两者的差距主要有一个指标，就是聚类系数（clustering coefficient），cc 值越低，就越接近随机网络；cc 值越高，就越接近“洞穴人”模型。所以，在一个社区聚集很密而社区间连接不多的社会里，传染病会在社区内传播，很难传到社区之外，就不太会引发大暴发。换言之，一个社会的社会网聚类系数高会提高大疾病暴发的门槛阈值，从而降低暴发的可能。

另外，小世界中有很多“长桥”沟通着不同的“洞穴”，正是这些“长桥”使得不同社区间的个人得以在很短的“关系距离”内就得以传播，所以“长桥”常常是“超级传播者”。比如一个疫区的大公司总工程师，他在社区内是一个中心，但就整个城市而言他只是一个普通的节点，还没有外卖小哥的中介性高，外卖小哥反而成了“长桥”，会把传染病传入不同社区。又比如，在春运时期的全国层级上，该节点可能还是在城中的家和公司两边跑跑，反而是公司中的一个打工者会变成“长桥”，回到老家，把自己的周边亲戚感染了个遍，成为超级传播者。

传染病的传播能力也和小世界社会网中的传播有关。一些传播相对困难的传染病，比如要经血液、体液才能传染的艾滋病，则较会陷在社区中传播，比如同性恋社群、卖血盛行的地区，一般人如快递小哥、回乡的打工者就不可能成为“长桥”。一定是一些特别的人，如多重性伴侣者或组织卖血的“血头”，才会是“长桥”。截断了这类“长桥”的跨社区传播，就如同提高了社会网中的聚类系数，社区间传播的能力降低，会降低疾病大暴发的可能性。

“长桥”之中又有一种人，就是上述巴拉巴西所说的“枢纽”，他们不但是跨社区传播的“超级传播者”，还是整个社会网络的中心人物，有着极高的联结程度。一旦枢纽成为“超级传播者”，就会引发非常多社区的感染，引起疾病大暴发。艾滋病的传染过程中就有报道海员染病者在每个港口“寻花问柳”，成为疫情大面积扩散的重要节点；也有在同性恋社区中特别活跃的多重性伴侣者成为一个地区引起疫情的关键。这些人就是这类传染病网络中的重要“枢纽”。

管理者们所关注的创新与创新传播的议题，也正是本书第四章谈到的边缘创新如何传播开来并得到系统的重视，甚至带来系统更新的问题。戴蒙·桑托拉在《科学》期刊上发表过一篇有趣的论文，他做了一个网上的社会实验，将 1 528 位自愿参加实验的人随机分成两组，事先设计好一组以小世界网络为群体网络结构方式，另外一组则在保证个人联结的一般情况不变之下，尽量降低聚类指数使之接近随机网络。因为该实验是随机分配志愿者进入这两个网络结构中的，所以他们原来并不会有既定的关系，从而控制了关系强度带来的影响。然后，实验者让志愿者向自己的“邻居”，也就是在网络中有直接连带的人，打了一些保持健康行为的“广告”，再追踪谁因为“广告”而改变了自己的健康行为。作者发现，人们不太会在第一次收到“朋友”的“广告”时就会采信，而往往要多人都转来相同的建议他们才会采信，所以一个人收到两次和收到三次“广告”对他的决定都有显著影响。相反的，随机网络中的人因为获取到的信息来自四面八方，常常只收到一次“广告”而没改变行为。反而是在小世界网络中的人，在社区中反复收到“广告”会改变行为，再透过“长桥”影响其他社区。[①] 所以，在适当条件下，小世界网络中的行为改变的传播速度会较快。

这项实验告诉我们一个重要的发现：创新传播很少像罗杰斯预设的在随机网络中呈“布朗运动”式传播，造成 S 曲线式

---

① 回想本书第四章中写到的魁克哈特的创新传播就是这样的社区内传播再透过“长桥”做社区间传播的模型。

的增长，那是好用、效用高、易传播的产品如电视机、互联网的传播曲线。一如能通过飞沫传染的疾病会在大庭广众之间呈“布朗运动”式传播，而经血液传播的疾病则是“社区”与“长桥”的传播模式，一如谣言在轻信者间可以像“布朗运动”般播散，思想、观念的传播必须深入各类“社区”。同样地，有争议、不易为他人采用的创新（边缘创新都是有争议的创新），更可能是在社区之中在反复的、深度的互动下传播。所以在适当的小世界网络结构下，这类创新传播才可能成功。聚类系数太低了，趋近于随机网络，这类创新是传不出去的，反而是周围反对创新的人会把创新扼杀了。聚类系数太高了，又成为“洞穴人”模型，创新能“活”下来，却只在一两个社区中存在，一样不能广传而影响整个系统。

一个系统网络的幂律也是一样。如果太低，就接近随机网络，没办法让创新发生或生存。如果太高，所有网络的联结集中在少数“大枢纽”身上，好处是一旦“大枢纽”采用了创新，创新会传播得极快；坏处是这几个大枢纽之外的网络往往密度低、社区少，也缺乏次级中心，由下而上的边缘创新一样难生存，难传播，更难在传播过程中得到正负反馈，进行自我改善，参与相互竞争，一样不利于边缘创新。本书第一章中谈到复杂系统领导者要维持系统中适当的网络结构，正是因为只有合宜的网络结构才是边缘创新能够发生、传播并影响整个系统的温床。在数个边缘创新中选择最适应外在环境变化的创新，在系统中推广这一创新由此改造系统促成系统转型，正是复杂系统领导者的重大责任。而如果没有适当的社会网结构，就可能一个边缘创新都不会产生，枉论数个创新同时发生，相生相克，合作竞争，看谁胜出了。

大数据中的复杂网分析

大数据与复杂科学的结合给相关的学术研究带来了一片蓝海，过去只有一些宏观的数据去拟合S曲线或钟形曲线，而如今脸书、推特（Twitter）这类软件收集了大量的人际互动的信息，从而可以描绘出社会网结构的状况，过去很难描述的微观传播行为、传播过程与传播网络成为崭新的研究议题。从微观的行为，经过特定网络结构，分析如何引爆“大爆发”，因此也被提上了我们的研究议程。针对公共卫生政策所提出的很多问题，如今可以用大数据的收集、资料挖掘与复杂系统的建模而加以解答，从而给决策者提供重要的参考依据。同样地，对复杂系统领导者而言，如何找到“势”的涌现？“势”的转折？系统是否进入非常态？也可以做科学研究，提供决策参考。下面就以我和多为同僚（罗家德、刘济帆、杨鲲昊和傅晓明）用大数据研究方法做的一个系统结构涌现现象的研究作为范例。

中国风险投资产业中有一种结构，一个产业领袖往往会有一群“跟随者”，他们是多次的联合投资伙伴，会形成圈子，也就是华兹所说的“洞穴人模型”。如图10.2所示的各个大节点身旁聚了一些小节点。同时，又会有一些“长桥”，将这些原本孤立的圈子联结在一起，这就成了上面所述的“小世界模型”。更进一步来说，这些“长桥”也会“抱团”组成“精英俱乐部”，所以整个产业网络就成了“精英俱乐部型小世界网络”。在这个产业中尤其特殊的是，每一个圈子扮演“长桥”角色的都是圈子领袖，其“跟随者”是不受鼓励到处去当“花蝴蝶”的。其实这样的产业合作网结构在我国的很多产业中都存在。

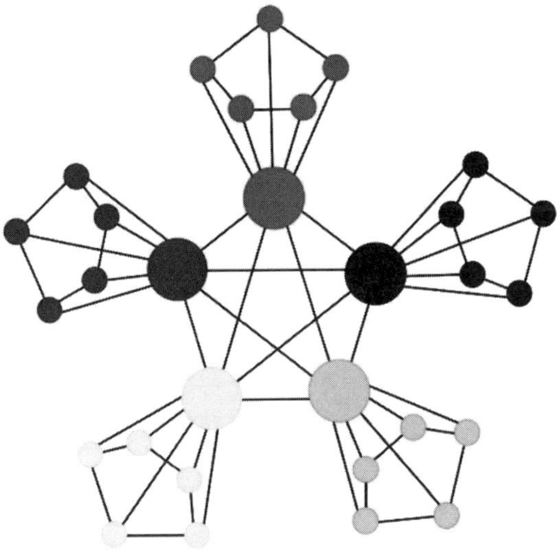

图 10.2　精英俱乐部型小世界网络示意图

从我们的联合投资资料中可以看到，网络统计的结果也显示出这样的网络结构：在我们通过专家访谈得到一致认可的 42

家的“产业领袖”[①]在各项网络指标与投资频率上都数倍到十几倍地优于其他 VC（风险投资者），而他们“抱团”的密度则是整个产业网密度的 123 倍，也就是 EI index（EI 检索）是 123。这些“产业领袖”和他们的“跟随者”间也有较密的网络，是整个网络平均密度的 25 倍。这说明一个“产业领袖”的圈子内密度越高，“领袖”间的抱团就越是紧密，但“跟随者”很少进行跨圈联结。

为什么会涌现这样的结构呢？

在风投产业中，根据投资者与被投资者的关系，我们建了一个二模随机图网络（2-mode random graph）。仿造真实的 VC 产业网络，从 2000 年到 2013 年共有 14 年 14 期的投资，起始年 2000 年有 75 家投资者，375 家被投资公司，并依照真实网络计算出来的统计量，两者都以每年 30% 的增长率扩大规模。更进一步地，投资者被分为了 3 乘 3 的 9 类，在投资频率上分成高、中、低 3 类，在联合倾向上也分成高、中、低 3 类，在模型中控制了投资频率。当两个投资者同时给一位被投资者投资时，被投资者就得到一次联合投资，他将这些联合投资积累起来，就形成了一张全产业的联合投资网。在多轮模拟后，我们

① 我们的聚类与排序的方法也可以用数据挖掘的方法较精确地选出这些“产业领袖”，请参考 Hu Yang, Jar-Der Luo (corresponding author), Ying Fan, Li Zhu. “Clustering and Ranking Chinese Leading Venture Capital Firms Based on the Weighted K-means.” *Information Processing and Management.Online publication complete: 16-JUL-2019. DOI information*: 10.1016/j.ipm.2019.102083。

发觉这样的随机投资模型（Stochastic Investment Model）和真实的网络结构差距极大。

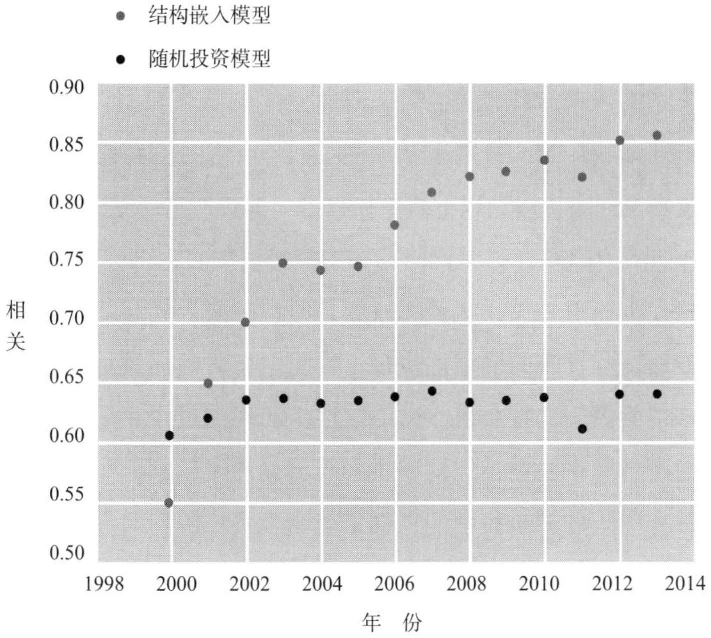

图 10.3 网络指标的相关系数演化轨迹

但是当我们把圈子理论与嵌入理论带进该模型时，投资就不再是随机的，而是加入了一项联合投资机制，以及两个嵌入理论的假设。主投者邀请跟随者加入联合投资，三类投资者依联合投资倾向分高、中、低三档，因此这里的投资分两轮，第一轮投资者随机投资，第二轮主投者依照投资倾向高低邀请不同数量的其他投资者联合投资。选择的对象则依照社会网的两个理论，一是关系嵌入性（relational embeddedness），二是结构嵌入性（structural embeddedness）。在产业合作网的结构中，前者形成的模式是，过去合作次数越多，未来合作概率就越大，直接合作者比间接关系在未来的合作概率更大；后者形成的模式是，两个VC间共同朋友越多，未来合作概率就越大，而间接关系的未来合作概率为零。这就是结构嵌入模型（Structural Embeddedness Model）。研究者研究了14期的仿真模型，最后比较真实网络，得到以下结果。

如图10.3所示，从网络指标的相关系数演化轨迹可以看出，随机投资模型相关系数毫无改变，但结构嵌入模型却随着时间的推移，和真实的网络逐步接近，图中相关指标显示的就是一个“精英俱乐部型小世界网络”逐步涌现的过程。精英小团体越抱团越紧密，精英们的圈子内成员也越聚越紧，而且这个网络带有中国的圈子特色，也就是能作为“长桥”的主要是圈子的领袖，而不是跟随者。

在以上的范例中，我们在随机投资模型（只有一系列控制变量——投资者与被投资者比例、增长率、整体网络密度、投资频率）之上加入了一个投资机制及两个伙伴选择的行为，且在演化过程中展示了精英小团体越抱团越紧密，精英们的圈子内成员也越聚越紧的现象。反过来，如果“精英俱乐部型小世界网络”的结构促成了关系嵌入与结构嵌入的行为，简单来说，就是抱团的人更想抱团，关系远的人互相更加不信任而不愿合作，则会出现正反馈效果——结构加强了行为，行为增强了结构，大“势”已成。反之，如果有一些行为发生，比如黑科技的大发展或新投资流行领域的出现，打断了这样的正反馈，在网络结构动态演化的分析中可以看到原本抱团的人在圈子之外找合作伙伴，“势”的逆转点则可能出现。

这是复杂网科学研究的一个范例，显示了这样的行为与结构共同演化的分析可以帮助决策者去思考“势”的崛起与转折，提供做决策时所需的信息。这些都是在大数据出来之前几乎不可能做的研究。

在巴拉巴西复杂系统理论中，我们更喜欢以可持续性来谈“韧性”这样的概念，但不管怎么翻译它，核心是什么？作为一个社会，目的就是基业长青，生生不息。社会之间的竞争不是随机攻击的。人与人在竞争中对复杂系统的攻击都是有意识的，比如在一个“赢者通吃”的社会中，我只要把你的最大节点打掉，你的社会就瓦解了。但如果这个系统有一个数十人的大型枢纽，瓦解系统的难度就高了很多。为什么呢？因为我要瓦解你们之间的信任，我要用非常多的攻击让你们这么多人互相憎恨，瓦解成数十个圈子。如果一个系统有很多分立而又连接的枢纽，瓦解它就更难了，你就要一个个地切断枢纽之间的关系，还要把这些枢纽和他们的圈子之间的关系切断，这些群体才会瓦解。其实这就是分散式枢纽，为什么美国怎么都铲除不了基地组织，正是因为它是分散式枢纽的组织。

我在我的复杂系列的第一本书《复杂：信息时代的连接、机会与布局》中谈到硅谷的强韧系统，强调的是大枢纽始终不是单一的，比如操作系统是两个——Windows（微软操作系统）和 iOS（苹果操作系统），工作站也有三个系统——MIPS、SUN 与 HP（但后来 MIPS 较不成功），移动互联一定是两个系统——安卓和 iOS，而且会允许系统之间的合作厂商有某种程度的交流。所以说这是一个强健系统所需要的复杂结构，以便带来更大的容错性。

针对一般化的复杂科学理论，也有一些科学家在争论，是否真的能这么一般化？确确实实，学术界也是在寻求越来越多的不同类型复杂系统的特殊性质、特殊场域中的变异。面对社会科学的一般场景，我们可以做行动者动机的研究，因此更有特殊性。而其他学科，比如生态系统乃至于生命体、分子、原子等，你无法去理解它们产生关系的动机。

当我们能够理解动机，比如在研究复杂社会系统的时候，就会发展出很多新的理论。尤其当我们谈复杂社会的治理机制的时候，已有从社会科学发展出来的与复杂系统有关的研究，这些是自然科学家们不会去处理的。换句话说，复杂系统在社会科学界已经有了很多新的理论和思维，这正是本书要介绍的——从它的来龙去脉到它的最新思维架构。

撇开一些不同的看法及社会科学研究的独立进展，复杂科学带来了众多的崭新概念，并形成一个概念间逻辑清楚的庞大理论体系，包括开放系统、反化约主义、无序、有序、自组织、正负反馈、演化、结构和行动（或功能）的共同演化、放大、涌现、分岔点、远离平衡状态、临界状态、相变、系统崩解、尺度、多尺度行为、复杂网、小世界现象、无标度与幂率、偏好依附、系统强健性等。

作为一种看问题的观点，一方面，复杂思维不断从复杂科学的研究概念之中得到坚实的理论与经验支持；另一方面，复杂思维会在各个学科之中丰富复杂科学的研究方向与概念。复杂系统管理学是一个由复杂思维、复杂科学及由此发展出来的管理技术综合起来的体系（对应于明茨伯格所说的哲学、科学与手艺），本书对此只是一个初探，旨在抛砖引玉，主要是介绍复杂思维在组织管理中发展的来龙去脉。但是在这样的思想背后，却可以有十分坚实的科学研究方法，可以从一种看问题的观点总结出相应的管理理论，建构动态共演的模型与大数据结合的实证，并根据实证去实践，发展出相应的管理技术，这正是复杂科学研究对管理学发展的重大意义。

下一章，我们就要从格兰诺维特的理论入手介绍一个系统是如何进行制度创新而能生生不息的，这正是系统面对外在环境变化而产生演化的过程——自组织，自发展，自适应，产生边缘创新，让适者生存，从而使系统得到更新，创生出强健的系统。

第十一章

取势与造势——阴阳再次相融

一

再次融合

这一章我们将介绍格兰诺维特的理论，他在社会学领域引用率最高的一篇论文《经济行动与社会结构：镶嵌问题》（以下简称《镶嵌》）中，用复杂系统视角批判了威廉姆森的交易成本理论，同时也修正了自然系统视角的论点，在开放系统中做了一次理论的“阴阳相融”的工作，并提出镶嵌性（Embeddedness）的概念。

反化约主义

镶嵌就是既反低度社会化（under-socialization），又反过度社会化（over-socialization）。这两种观点都是化约主义，因为它们都将社会关系抽离于经济行动之外。低度社会化反映了理性系统的视角，这就像是说一个人或一个组织完全可以在脱离其他人或组织的影响下，在孤立的小房间内以掌握的完整或有限的信息就做出决策。过度社会化则显示出极端的自然系统视角，完全依赖他人做决策，或者完全依照社会政治环境的指令行动，没法儿有自主意识。

事实上，镶嵌理论两者皆不是。镶嵌性的理论架构正是要分析如何得到制度选择，小到一家公司的制度选择，大到一个国家的制度选择。其中的关键是人际信任与关系、小团体，社会网结构，以及结构与行为的演化。

在《镶嵌》一文中，格氏对威廉姆森的批评始于后者认为人际信任对交易行为是没有显著影响的，信任背后体现的社会机制不会影响个人在经济行动中的决策。但是这种分析忽略了关系与社会网结构的作用，比如，一个学术共同体有着良好的学术声誉，或者一个社区有着良好的人际和谐与社会信任，它们的运转就会更加有效。国内常讲的社会治理创新及社区治理，信任就是其中一个不可或缺的因素。我们可以看到，人类社会中所有制度都离不开社会关系，比如，平台企业、生态系统这类网络式组织的意义正是在于通过关系网络推动边缘创新，以及创新扩散。

威廉姆森及其同学派的学者也看到了一种准市场或者准层级式的治理形式，他们也称之为网络（network）。但是他们把它视为一种市场与层级的混合模式或过渡现象，对它没有过多地重视。但是在现实生活中，许多交易就是通过这种形式完成的。我们一般用网络式组织来更准确地描述这种自组织治理现象，比如平台型企业的建设，实际上就是在“铺设”一张企业网络。早期组织研究中能看到的最典型的网络式组织——比如设计公司、音乐公司、电影公司等——有什么特点？它们往往都存在多中心的组织结构，同时，它们基于项目设定的网络关系是变化的。比如一个电影或者音乐项目结束之后，参与者又转到其他项目中。当然，因为理论视角的局限性，威廉姆森没有仔细分析这些现象。但更深刻地看，威廉姆森是没有看到经济行动的镶嵌性。

镶嵌是指经济行动是镶嵌在社会关系之中的。所以，我们引用格兰诺维特该文中的分析开启这一章的讨论：

> 长久以来，许多学者认为，社会影响会造成理性行为的偏差，因此抑制了对经济生活的社会学分析，也导致修正主义经济学家修正不成熟的心理学假设以改革经济学。我在这里的主张是，不管经济分析的心理学假设多么不成熟，但主要的问题还是他们忽视了社会结构。

在第七章中，我们重点介绍了西蒙和斯科特的理论。西蒙看到了个体决策和组织行为的有限理性，尤其是组织内部行为规范的影响。由此，西蒙使得理性系统的组织理论发展到新的高度。在结合心理学的分析之后，西蒙让组织理论的解释能够覆盖更多的现实变化。斯科特虽没有建立新的理论流派，但以系统视角总结出了组织的理论演变。西蒙之后，我们从封闭系统视角进入了开放系统视角，重新思考了组织和环境的互动关系、共同演化和相对边界的问题。

在这一章中，我们将继续对组织内外的互动关系进行考察。本章主要讨论社会网络理论与新经济社会学。格兰诺维特因如何运用社会关系找工作的研究而知名。但实际上，格兰诺维特的贡献并不仅仅局限于这一类研究。他还开创了“新经济社会学”，通过开创的社会网络理论重构了韦伯以来的组织理论，为组织研究提供了全新视角。正如西蒙所批评的那样：

> 在以往的组织理论中，“人”失去了位置。在那里，组织与其说是为了供人居住而设计的卧室，不如说是以抽象的建筑逻辑而设想出来的一排排井然有序但无人的住宅。如果是这样，那么组织理论就完全本末倒置了。

西蒙认为组织理论不能缺少对人的考察，而格兰诺维特接续了这一理论关切。当然，他的切入点是人际间的“关系”。

引入社会网理论

社会关系不是一个新鲜的事物。早期社会学家已经看到了关系的重要性，包括卡尔·马克思和格奥尔格·齐美尔。马克思认为，“人的本质不是单个人所固有的抽象物，在其现实性上，它是一切社会关系的总和”。马克思在这个地方强调了人作为一个整体，并不仅仅包含自身的属性，还包括了与之有互动的关系。齐美尔则认为，社会关系本身就是社会学应当研究的一个重要问题。形式社会学的主要研究内容就是个体之间的互动关系，包括竞争、联合、统治、分工、隔离等。这些关系形式结合社会具体条件会产生不同的社会状态，离开互动的实质内容便发现其形式上有一致性，就如几何学的点、线、面是各种事物的一般形式一样。所以社会关系也能够以点、线、面、网络结构等形式被抽象地描述出来。古典社会学为社会网络理论提供了最初的营养。

格兰诺维特在其导师哈里森·怀特的引导下，步入了社会网络这一崭新的研究领域。随着计算机、图论等技术的发展，社会网的定量分析成了可能。20 世纪 70 年代起，怀特在哈佛大学开创了一个社会网学派，完善了社会网分析方法，并将其用于个体、组织间关系网络的定性与定量研究。格兰诺维特不满足于网络分析技术方面的进展，更力图开拓社会网络的理论事业。对他来说，社会网络既是分析工具，也是一个重要的研究理论和观念。这一观念对应了适度社会化的隐喻，驳斥了古典经济学的低度社会化和传统社会学的过度社会化的极端假设。

从亚当·斯密开始，经济学家们无不强调“看不见的手”在整合个人行为时的作用。他们坚信，在完全竞争的条件下，个人的自利行为能够自动转化为集体的理性行为。社会学家往往会走向另一个极端，他们不认为社会可以通过这种个人的理性行为进行整合，而是通过一系列结构因素——文化、制度、法律等——实现整合。在格兰诺维特看来，这两者都对，但它们都不完整，如何将它们整合在一个理论架构中进行分析，如何从微观的个人行为上升到中观的关系网、小团体、集体行动，最后能够分析宏观的系统结构与制度、文化的层次，这中间缺少了必要的分析过程。过度社会化和低度社会化都缺少了中间层的分析。首先是关系，其中最重要的是信任关系与权力关系；其次是小团体，不论是个人人脉网、圈子、俱乐部，还是协会之类的人群组合；最后是这些关系与小团体所形成的复杂网结构。接下来，我们将对格兰诺维特的社会网络理论进行细致梳理，以推进我们对复杂系统视角下的组织理论的理解。

二

自组织：第三种治理模式

弱连带优势理论

格兰诺维特于1943年出生于美国的新泽西州。美国东北部地区的良好教育环境为他日后进入学术领域提供了有益的支持。格兰诺维特家周边坐落着全世界最知名的一批高等院校，包括哈佛大学、普林斯顿大学、麻省理工学院等。在高中毕业以后，格兰诺维特成功地进入新泽西州的普林斯顿大学深造，攻读历史学学士学位。在这一阶段，格兰诺维特广泛地阅读了各类人文学科和社会科学著作，其中对他影响最深的是乔治·勒费弗尔对法国大革命的研究。在这一本著作中，勒费弗尔追溯了法国大革命爆发以前的谣言网络，并以此来解释革命爆发的网络机制。在格兰诺维特看来，社会运动的爆发虽然需要有一般性的经济社会因素和制度根源，但爆发的机制才应当是核心，他也由此提出"门槛理论"，用社会网的视角来分析社会集体行动是如何涌现的。

本科毕业之后，格兰诺维特进入哈佛大学攻读研究生学位。在 20 世纪 60 年代，哈佛大学在怀特的引领下，极大地推进了与社会网络相关的研究。格兰诺维特也自然而然地开始了对社会网络的正式研究。在博士毕业之际，他选择了社会网络如何对人们找工作产生影响作为博士论文的主题，随后写成《找工作：关于人与职业生涯的研究》一书。在获得博士学位之后，格兰诺维特就任约翰斯·霍普金斯大学的助理教授，继续对找工作问题进行理论总结。1973 年，格兰诺维特成功地发表了一篇日后影响甚巨的论文——《弱连带的优势》，奠定了他在社会网络研究领域的地位。在这篇论文中，格兰诺维特区分了两种人际关系——"强连带"和"弱连带"。他指出，在美国，弱连带有利于人们获得新信息，寻找到工资更高和晋升机会更好的工作。这篇论文也是社会学史上被引用最多的论文之一，从此他开启了关系远近如何影响经济、社会行为的研究。此后，他成功地出版了自己的专著——《找工作：关系人与职业生涯的研究》，有力地运用社会网络揭示了人们在找工作中对关系的运用。

在纽约州立大学石溪分校和斯坦福大学时期，格兰诺维特进一步推进了他对于社会网络的理论研究，并创立了“新经济社会学”，提出了一整套理论架构去分析个人行为如何通过关系、小团体及复杂网结构“涌现”集体行动与系统制度，以及制度、文化如何通过关系、小团体及复杂网结构影响个人行动。同时，他对治理理论也贡献卓著。他指出，网络或自组织作为第三种治理模式，能够补充层级和市场的不足，提供更具创造力的系统活力。

格兰诺维特的理论基础在于对连带类型的讨论。他首先从关系的强度入手，认为关系可以从以下四个方面得到衡量：认识时间的长短、互动的频率、亲密性和互惠性。以往的研究尽管揭示了强连带的作用，但是忽视了弱连带的影响。格兰诺维特认为，弱连带可以在不同团体之间搭建“桥”，从而在更广的范围内传递信息，并让个体获得不同团体的异质性信息。罗纳德·博特则接续其讨论，指出“桥”可以从中间人的角色中收获即时与关键的信息，并能在“鹬蚌相争”中得到从中操控的“渔翁之利”。弱连带对于一个团体的贡献是维持了小圈子之间的信息交流与互动：信息如果仅仅依赖强连带传播，那么它很有可能在一个小圈子里面流动，不能发挥更大的作用。信息如果还依赖弱连带传播，则可以进入更广的范围，并克服“物以类聚，人以群分”的“信息茧房”的限制。

当然，格兰诺维特对于连带的分析基于对美国社会的观察和研究，社会互动与该社会的社会规范有密切关联。在中国，乡土社会的逻辑支配了人们的互动关系。费孝通就指出，中国传统社会的格局就好像“把一块石头丢到水里所发生的一圈圈推出去的波纹，每个人都是他的社会影响所推出去的圈子的中心”。这种格局被他称为“差序格局”，是以个人为中心依亲疏远近建立人脉圈的格局。相应地，费孝通说西方人之间的关系是“团体格局”，他们喜欢依社会群体——种族、阶级、团体、性别、地域、宗教、年龄、教育程度等——分门别类地像一束束柴火棒一样被绑在一块儿。所以，中国人的小团体都以小圈子的形式为主，也就是以一个个重要个人的圈层人脉网为主；西方则围绕在社会族群、志趣相同、认同相同中组成俱乐部或以协会为主的小团体。强弱连带的作用依赖于关系背后的社会假定，因应中国人的关系社会、圈子社会，强、弱连带会有不同的区分方法，以及不同的功能展现。

镶嵌理论

从“连带”这一概念出发，格兰诺维特开始建构“新经济社会学”的大厦。在《镶嵌》一文中，他讨论了重要的左反对过度理性思维、右反对过度自然视角的“镶嵌”概念。镶嵌这一概念源于卡尔·波兰尼在其著作《巨变》中对市场与社会的相互嵌入的分析。波兰尼认为，19 世纪以来，理论把市场经济视为一个封闭系统，它由相互关联的市场通过价格机制自动调节。

原本对经济产生重大影响的政治、宗教和社会都被经济学家们忽视。实际上，“还市场于社会”能够调整经济系统的封闭趋势。“人类经济行为在前市场经济的社会里确实是依赖于社会网的，但随着现代化进程的发展，这种行为已经变得比较独立了”，这是经济学家们编织的关于经济行为的神话，采取了低度社会化的假设。

由此，格兰诺维特借用波兰尼的“镶嵌”概念，强调了经济行动镶嵌于社会关系之中，因而对经济行动的研究也应当引入社会关系的分析。与此相反，如我们此前提到的，传统社会学家往往认为人置身于社会结构的牢笼之中，仿佛动弹不得。这种理论取向在塔尔科特·帕森斯的时代达到顶峰。古典和新古典经济学与传统的社会学分析采用了两种极端不同的行为预设，詹姆斯·杜伊森伯瑞在哈佛大学曾努力让两个学派对话，十年之后，这个尝试失败了，因此产生了一个有趣的评价：“经济学家研究人如何做决策，而社会学家研究人如何不能做决策。”

针对这两种极端假设——低度社会化和过度社会化，格兰诺维特倡导一种适度社会化的研究取向。格兰诺维特认为，这两种极端观点都是“共同地以社会性孤立的行动者作为行动与决策的中心”。那么，适度社会化能对经济行动和社会关系的研究产生怎样的影响呢？实际上，格兰诺维特在此回应了威廉姆森的交易成本理论。在讨论社会关系如何克服市场经济中的信任问题时，他认为，古典经济学对于“经济人”的假设并不能解决市场中的欺诈问题。现实中不存在完美的信息对称和自由竞争，个体总有倾向选择机会主义行为以扩大自身的收益。交易成本经济学认为制度设计可以规避这种欺诈行为；过度社会化的学者认为以道德为核心的社会规范能够补充制度的不足，消弭机会主义行为。其实两者都有不足。

格兰诺维特认为，这些观点都抽离了对社会关系的讨论。正是因为经济行为镶嵌在社会关系中，交易也就不可避免地依赖于长期的互动。如果买方和卖方有着长期良好的交易记录，那么他们在未来的交易中就能够显著地降低交易成本，无须契约和制度设计就能够顺利地完成一桩买卖。人与人之间的社会关系能让人们之间产生相互信任，而信任对社会的顺利运行发挥着重大的作用。当然，格兰诺维特也承认信任可能会导致更严重的欺诈行为。在某些情况下，“杀熟”也是可能出现的后果。这也反映了经济行动不能忽视社会关系的作用。信任就如同一种“行为放大器”：社会关系网络不仅是人际信任产生的重要前提，同时也会导致欺诈行为，由此产生更严重的后果。镶嵌理论指出，人际信任是关系网络和经济交易的中间变量，影响着信息不对称和机会主义行为的发生，可以让交易中的交易成本大幅降低。由此，在科斯和威廉姆森的治理理论之中，格氏加入了新的理论思考。

自组织：第三种治理机制

在威廉姆森的理论中，网络（或自组织）不是一种合适的治理形式，而是混合的、过渡的形式。然而实际上，仅仅强调层级和市场是无法抓住交易本质的。格兰诺维特认为：

> 交易参与者之间毫无联系的市场在真实的经济生活中并不存在，所有的交易都充斥着社会接触。

如果一个人了解银行的大额存款业务，他就不会给予市场过高的估计。私人关系在大额存款业务中发挥了重要影响，银行也不是在市场上盲目搜寻顾客。在组织高层中，领导的人际关系对企业的市场交易发挥着重要影响。甚至，在面对市场纠纷时，不到万不得已，企业就不会选择法律途径去解决问题，毕竟法律程序的成本过于高昂。企业倾向于以非正式途径规避成本，也避免破坏长期的信任，在这一点上，中西没有差异。

格兰诺维特还指出，20 世纪 70 年代以来盛行的企业业务外包活动也是网络式治理（或自组织治理）的一种典型。尽管威廉姆森将这种外包业务视为市场到层级的一种中间形态，但格兰诺维特认为这种形式是第三种形式—— 一种具有生存活力的治理模式。如今，我们仍然可以看到这种外包制经营广泛存在于中国沿海地区的制造业中。大量的中小企业依靠密集的合作网络实现规模生产。同时，这种经营模式又具有更强的灵活性，以抵御产业不景气的冲击。

放眼世界，意大利的陶瓷业和时装业、日本的电子产业，中国大陆尤其是东南和南部沿海的各类产业，都是这种外包制经营的典型案例。格兰诺维特在对硅谷高科技产业的研究中进一步指出，广泛存在于硅谷地区的密切的社会网络是该地区产业繁盛的重要原因。尽管美国波士顿 128 号公路地区同样拥有产学研的基本禀赋，但是那里缺少这种产业结构网络，缺乏信息的自由流动和宽松的信任环境，导致两个地区出现完全不一样的发展结果。自组织或网络治理现象绝非格兰诺维特的理论想象，而是真实存在于经济活动中的一种自然现象。

通过补充自组织这样一种治理模式，同时使人际关系带来的信任自然而然地渗入市场与层级的治理机制之中，这使得治理机制的选择绝非市场与层级的二择一，也不是市场、层级和自组织的三择一，而是每一个系统的治理都是三者的混合。格兰诺维特有力地批判并补充了威廉姆森的交易成本模型，而自组织治理正是复杂系统中最重要的概念。

三

时势 vs 英雄

复杂系统视角下的制度创新

当然，格兰诺维特的理论目标并不在于修补威廉姆森已有的理论，而是希望重构经济行动与社会关系的理论架构。通过社会网络，新经济社会学可以解释个体决策、集体和组织行为，甚至是社会运动。更进一步，从集体行动发展出制度创新及系统转型。

如何完成这样的理论架构？格兰诺维特对于经济行为的关系性假设矫正了经济学对于“理性人”和“经济人”的假设。尽管在之前的组织理论中，人际关系学派已经看到了关系的重要性，但是他们的分析思路是将关系视为影响组织行为的变量，而非一个完整的分析框架。我们应当看到，关系是内生变量，新经济社会学有助于将内生变量的作用机制描绘出来。同时，关系性假设也不同于西蒙的“有限理性”假设。西蒙认为，理性仍然占据支配性的地位，只是会受到更多的条件约束。格兰诺维特则认为，理性只是个体行为的一面，它很重要，但动机是多元的，有情感性、关系性的因素，理性并不能完全指导个人和组织做出最合适的选择。

他在其《社会与经济》一书的第二章中指出，人们的行为决策有其多元动机，可能是长期的，或非经济的，比如保持良好关系、提高个人声誉或加强在网络中的地位；可能是非理性的，基于热情使命或强烈认同来做出决定，或屈从于社会规范。这些必须要置于其所处的社会情境和关系中，从社会关系网络的角度阐释个体行动链条的变化机制。从这层意义上看，格兰诺维特继承了韦伯的阐释社会学，他强调行为的全部意义，而非仅仅是从工具理性中推导出的意义。从分析方式和思路上看，格兰诺维特又继承了齐美尔对于形式社会学的理论思考。

格兰诺维特的理论如何实现分析层次从个体行动到制度演变的连接？我们可以用图 11.1 搭建一个框架。个体行动之外，个体关系也构成了最基本的分析单位。他在《社会与经济》一书的第三章和第四章中指出，最重要的两种关系是权力与信任，并分别在这两章中对此进行了详细的探讨。在个体关系之上，小团体代表了网络结构的最初形态。在西方最常见到的小团体形态是俱乐部、协会，而在中国则是小圈子。再往上，小团体能够自组织出集体行动，并联络附近的区域网络，通过集体行动生成“势力”去影响大型网络。

以组织为基础的集体行动会影响文化、规范、法规这类系统的制度。每一层次的跃迁都是以集体行动的涌现为主要研究对象的，因为每一层都不是前一层的简单加总，而是行动与网络结构共同演化形成的复杂集合。在整个复杂系统的层次上，最后一层涌现的是新制度或新文化规范，系统会为之更新。换言之，每一层都拥有新产生的自由度，或者说新生成的行动逻辑。

在研究方法上，格兰诺维特建构了一种“短线”逻辑的研究方法，不再是从行动直接分析系统，也不再是从系统直接分析行动的“长线”逻辑，而是如图 11.1 一般的，从个人的关系、关系网及个体行为研究开始，经关系与行动的共同演进使小团体的社会网结构与集体行动得以涌现，小团体的社会网结构与集体行动的共同演进又使社区或社群的社会网结构与集体行动得以涌现，社区或社群的社会网结构与集体行动的共同演进又使更大型社会网的结构与集体行动得以涌现，最后集结成整个系统的结构与行动，同时涌现出系统的制度与规范。

在格氏的理论中，小团体以上就一概可被称为“较大型社会网”（larger network），但实际上，较大型社会网又可分为几个层次。一般而言，小团体就是一个一般为数十人，不超过四五百人的社会网，其中大多数人都互相认识，也就是在网络图上七八成的人互相会是一步距离的直接关系。社区（或社群）则是由几千到三四万个成员组成的团体，大多数成员会和大多数其他社区成员保持两步以内的距离，也就是说他们之间不是有直接关系就是“朋友的朋友”。这两个层次的自组织研究已十分丰硕，如2009年的诺贝尔经济学奖得主奥斯特罗姆的研究。再上一层网络则包括了几百万甚至上千万的成员，比如一个城市、一个网络平台，最后这些层层包含的子系统会集结成为一个更大的系统，如国家、社会、经济体等，并涌现出其中的制度与规范。更高层次的系统很难只靠自组织治理机制就得到系统的秩序，所以本书第八章和本章的上一节中所讨论的市场、层级与自组织的混合治理是一个亟须深入研究的课题。上一章中所举的VC产业的结构涌现案例，正是两三万个节点的社群结构研究的一个范例。

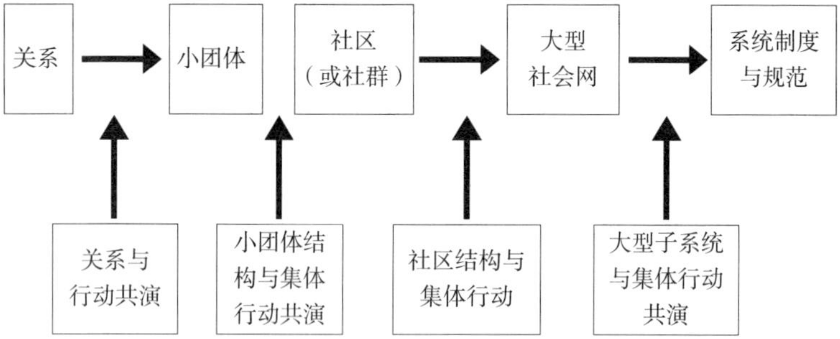

图 11.1　结构与行动共演的系统演化图

这种思考方式与化约主义不同，它强调了每一层自组织本身的意义。比如，要想理解文化制度的变迁，我们就不能只从个体行为入手。那些把历史人物的个人喜好解释为历史变迁的动力的逻辑，就落入了化约主义的窠臼。但我们也不能只从制度的路径依赖解释入手，好像一套制度自动会生成下一套制度一样。反化约主义强调的是通过关系结构为代表的互动机制来理解变化，这种分析既是过程式的分析，又是结构式的分析。

针对“制度”“文化”“世界大势”就能决定一切的观点，格氏提出反驳，并以弗朗西斯·福山为例。福山在《历史的终结及最后之人》中指出，人类最终要走向资本主义与民主政治，这是制度决定论；中国人因为信任陷在小圈子之中，所以发展不出大规模的现代化组织，这是文化决定论。格氏认为福山大错特错，这样“过度社会化”的分析忽略了人的能动性及人在关系网络中运营操作的能力，这让我们想到本书前言中提到的“英雄造时势，还是时势造英雄”的问题。低度社会化观点看到了人的控制、规划与抉择能力；过度社会化观点看到了大势的不可逆，环境的强大压力；格兰诺维特的理论则将关系、小团体、网络结构、复杂系统演化引入，将两个极端熔一炉而冶之。

他的《社会与经济》中引用的佩吉特和克里斯托弗·安塞尔对美第奇家族兴起的解释，就运用了这样一套分析框架。佩吉特和安塞尔认为，美第奇家族兴起的原因在于美第奇家族成员掌握了精英内部的分裂网络，实现了跨越不同群体的能力。这一分析与历史学讨论“国家形成”（state-building）的观念不同。他们在文中指出：

> 为了理解真实的历史，我们需要穿透正式组织和显见目标的遮掩，直达人们日常生活的关系性基础。

如果历史大势浩浩荡荡，沛之难御，那么我们不禁要问，为什么是佛罗伦萨的美第奇家族引领了文艺复兴的历史大业？没错，新兴工商阶级的兴起与宗教的世俗化在十五六世纪已然成为历史大潮，但它为什么不会潮起又潮落？为什么文艺复兴不在威尼斯成就？威尼斯那时可是工商贸易最发达的地方。为什么发生在南方的意大利，而非北边的汉萨同盟[①]？那可是欧

① 汉萨同盟是德意志北部城市之间形成的商业、政治联盟。汉萨（Hanse）一词，德文译为“公所”或者“会馆”。13 世纪逐渐形成，14 世纪达到兴盛，加盟城市最多时达到 160 个。——编者注

洲另一条海路贸易线路，沿路充满了自由城市（从贵族手中取得了市政权的城市）和新兴工商阶级。大势如此，但还是要有英雄。

科西莫·美第奇本身是贵族出身，他17岁就成了托斯卡尼大公。他有效地运作了权力与信任的关系，一方面建构了自己作为贵族的政治权力；另一方面从他的曾祖乔凡尼开始，家族就经营银行，所以他也在新兴工商阶级中建了自己的圈子。在这两个圈子中，贵族看不起“土豪”的庸俗；新兴工商阶级想和贵族联姻以提升家族地位，但看不起贵族的“穷酸”。所以美第奇成了“跨界”之“桥”。如罗纳德·博特所言，这样就有了信息和居间操控的利益，由“中介”取得更多权力。美第奇的跨界还不只如此，他还看到了宗教世俗化中新兴的美学思想，于是开启了一场波澜壮阔的文化改造，达·芬奇、米开朗琪罗等人在其家族资助下横空出世。

美第奇的顺势而为、巧妙跨界不止于此，他还以新的文艺取得了欧洲时代风潮的话语权，顺势之外懂得造势，成为全欧洲的仿效者。该家族嫁的女儿成为法国皇后，把文艺复兴之风推向法国；子孙成为教皇，让新文化风尚吹到了罗马。在这个过程中，美第奇家族使自身的权力更加稳固。时势是在改变历史，但我们看到，英雄看到时势不是限制，而是机会。美第奇家族在建立权力与信任的关系中经营了自己的圈子，又在数个圈子间作为“桥”，从而可以跨不同的阶级，进一步取得“中介”的权力。他们善用这些权力，使其影响网络越扩越大，以新兴的文艺取得话语权，最终改变了历史的进程。或许可以有一譬喻，英雄挡不住历史大势，随大势流向未来，但总有几次十字路口，是英雄的作为决定了历史大势是向东流或是西向流。在一次次的选择中，虽然大势在改变历史，但英雄的抉择却成就了历史的样貌。

针对制度的产生只是为了增加系统运作的效率，对此，格氏同样提出反驳。我们可以通过打字机的历史认识到关系网络如何影响一个产业的命运。目前我们使用的标准键盘是由美国人在 1867 年发明的，最初设计的目的是降低人们的打字速度，而非提高打字效率。在第二次工业革命时期，打字过快可能导致打字机产生故障。因为早期的打字机是一种机械打字机，每次打字间隔太短就容易造成不同字锤产生碰撞。可是，为什么我们至今仍然在使用这样一种低效的打字机呢？因为存在一股巨大的阻碍力限制我们使用高效的打字机。这股力量是打字机行业中企业网络的互相约束，同时也是消费者网络的互相约束。从厂商一侧来看，变更打字机的生产标准涉及计算机等产品的工业生产标准，上下游产业也需要随着键盘设计改变而采取新的产品设计。从消费者一侧来看，用户的产品使用黏性发挥着巨大的作用。没有人希望多付出精力学习一种朋友或亲属都不曾掌握的打字技巧。所以消费者不愿更改打字习惯，这使得新键盘设计销售不好，厂商怀疑无利可图就不会发展新的打字模式。这是一种负向的“网络效应”，它使得一个“低效率”的制度持续 150 年而不变。尽管经济学也时常提到打字机这一路径依赖的惯例，但是复杂网络的视角有利于理解这一路径本身的形成机制。

复杂系统视角组织管理的分析架构

那么，格兰诺维特的理论在复杂系统视角之中贡献了什么呢？

复杂系统视角教我们要用复杂网、自组织、边缘创新、动态、演化、涌现这些概念来理解社会现象。实际上，本书讲到的这些理论家，都是不断地把复杂系统视角的各面一点点地放入组织研究中的。格兰诺维特的理论则逐渐整合出一个思维框架。复杂理论反对化约主义，一种极端是理性系统视角，比如新古典经济学中极大化个人效用的主张，它看不到个体之间的关系，而认为个体线性加总就是总体，得到总和需求和总和供给，然后辅以价格、数量机制以求解均衡。它没看到个体的加总不是总体，因为加总过程中可能会涌现新的内容。另一种极端是强调个体过度受制于社会，没有能动性，不能做出选择。个体只是总体的反映，比如弗朗西斯·福山动不动就强调文化决定论、制度决定论。格兰诺维特的一个重大贡献就是高举了反化约主义的大旗。低度社会化主要研究个体的激励和动机，用个体解释个体，以及用个体加总解释总体。过度社会化主要研究超个体的结构和文化限制，用总体决定个体。尽管新制度主义经济学引入了制度的观点，但它还是缺少中观层次（meso-level）的分析，也就是对从个体到集体间的关系、小团体与网络结构的分析。格兰诺维特认为，这两种观点不是错，而是“还不够”。

格兰诺维特的第二个重要的贡献是在治理理论方面，他高举了自组织治理的机制，而自组织正是复杂系统演化的动力来源。传统的管理理论强调的是从上而下的管控，而治理理论的内涵广泛得多。经济学者或者管理学者把这种治理称为“网络治理模式”，社会学家称之为“社区”，复杂系统视角则强调的是自组织——这一术语源于物理学，强调与过程相关的内涵。市场治理强调的是交易关系，层级治理强调的是权力关系，而自组织治理则看到的不仅仅是交易与权力，更在乎情感与认同带来的自愿性结合。

正如本书第八章中对治理理论的探讨，好的治理正是由这三种治理机制相融相生而来的。我们不能用交易关系来破坏社会关系，这是工业化和市场化导致的一个恶性结果。比如，一个社区中的能人能够组织起社区活动的原因在于他乐于助人，但是如果让他过多地在社区内卖东西，就会破坏他的公信力。商业社会中需要守约，才能降低整体的交易成本，有经济学家称其为“新道德”，把市场视为唯一的治理关键会误导我们对社会系统的认识。实际上，市场无法取代其他治理模式。

同样地，自组织也不是万能的，人类很难组成像分子或脑神经元那样的“大规模”的自组织。各类经验告诉我们，超过两层自组织的体系就需要有一定的层级管控。层级管控和自组织结合起来，才算有效的治理模式。层级治理强调权力集中和集体主义精神，这种权力的逻辑有利于命令的执行，却会影响创新的产生；自组织能够推动边缘创新，所以规模大了，也要保持层级与自组织的共融相生。

市场治理依靠的是“无形的手”；层级治理依靠的是“有形的手”；自组织治理依靠的是“一次次的握手”，也就是协商。自组织模式需要的是“乡规民俗”，一个社群中的自我规范实际上在市场中会产生重要作用。同样地，市场与自组织相生共荣才能得到善治。

格兰诺维特还有一个重要的贡献就是用复杂系统视角解释“涌现”现象，因此他看到了重大创新如何产生的过程，以及复杂系统自适应的演化、转型过程。复杂系统视角强调个体及个体间的关系可以形成复杂网，它通过复杂网结构与人们行为的共同动态演化产生超出个体加总的内容，这就是涌现。这好比一群无机分子通过一定结构的连接，竟然涌现了生命；一群脑神经细胞在突触连接中层层自组织，竟然产生了自由意识。同样地，人的连接也会涌现新制度、新规范等系统的新特质。集体行动绝对不是一群个体自我行动的加总，那只是盲动；大多数集体行动是有组织也有目的的。更稳定的集体行为会产生制度创新，而创新在复杂网中的传播与正负反馈则会带来创新扩散，促成系统转型。格兰诺维特系统地描绘了这样的涌现现象。

所谓复杂系统理论，实际上就是说，个体的加总并不等于总体，每一层系统都拥有自己独特的性质和现象。所谓涌现就是，层层的自组织，每一个层次的自组织都会有特殊的内容产生。一个组织既是它内部很多子系统的集合体，会涌现出组织的一些特质，也在开放系统中是外围环境的一个子系统，既要顺环境之大势，又要有一定的能动性，可以造势成事，不但会求取自身的生存，还可能改变母系统的制度。所以我们要研究人与人之间的关系，这就像人的大脑内的神经元的联结一样重要。缺少这一层研究就无法得到微观行动与宏观结构之间的互动机制。过去对于社会中复杂现象的研究非常困难，因为我们缺少数据，但是这个情况在有了大数据之后已经发生了巨大转变。格兰诺维特对组织理论最大的贡献正好是把理性的、自然的及开放系统的视角一起放在了一个复杂系统视角的理论架构之中，为我们提供了一个基于关系、小团体、复杂网结构、自组织治理，用动态演化和涌现现象看问题的观点。

第十二章

复杂系统视角下的治理智慧

最后一章，让我们回到前言中提出的问题。

第一个问题是：“英雄造时势”，还是“时势造英雄”？

换成比较学术性的用语就是，理性系统视角在探讨了人如何做出选择后，也在问，环境，尤其是制度环境，是如何限制我们的选择的？自然系统视角则在讨论人在环境的制约下无法做出选择后，还有多少能动性？在一个什么样的过程中，人是能动的？

第二个问题是：西方的乌托邦和中国的桃花源各代表了什么？

换成比较学术性的用语就是，中国本土的社会治理与组织管理的理想和西方的有何不同？

一

复杂系统视角下的组织管理

各组织理论学派对复杂系统视角的贡献

在回答这些问题之前，我们来回顾一下复杂系统视角下的组织理论是如何在一代又一代组织理论中演化而来的。第一章中的图可以用来简单地总结诸多要素是如何缘起的。

回顾第一章图 1.3 所示的复杂系统视角的组织理论演化过程可知，现代组织管理理论滥觞于泰勒的科学管理与韦伯的层级制研究。在斯科特的划分中，正是理性系统视角开启了现代组织研究的大门。泰勒把组织视为工作流程系统，韦伯把组织视为层级命令系统，于是工作内容、工作流程、制度规章、设计规划、考核奖惩成了“组织管理知识 ABC”。这个传统在管理学的历史长河中不绝如缕，而且每一次都引发了重大的效率革命。荦荦大端者首推兴起于“二战”前后的数量化管理运动，它引入了作业研究、统计分析，产生了线性规划、模拟模型、网络规划等数量分析技术，使得美国工厂在“二战”时期的生产效率大为精进，这对于战争胜利功不可没。另外一次在 40 年后，20 世纪 80 年代产生了数字化管理运动，以 GE 公司的杰克·韦尔奇及管理理论大师彼得·德鲁克为首的“企业再造工程”，将电脑融入工作流程的每一个细节，在各行各业引爆了一波效率上的“大跃进”。所以我们千万不要以“进步”或“守旧”来看本书中所谈的组织理论的演化，更不要以“好”或“坏”来论断各组织理论。封闭系统的理性视角一直是组织理论中的关键一脚，它每隔三四十年就会为人类带来工作效率上的精进，支撑着组织管理研究不断前行。又隔了约 40 年，现在我们正面对着物联网、大数据及人工智能，这将再次改造所有的工作流程与工作内容，理性系统视角也将再次掀起一场效率革命。

在对韦伯理论的批判中产生了自然系统视角，本书选择了巴纳德与梅奥的理论。前者把组织视为一个协作系统，引入了组织文化、工作伦理、愿景、非经济性激励、沟通与领导等概念；后者把组织视为一个人际关系系统，看到了关系、非正式团体与群体激励的重要性。对组织理论而言，他们看到了人的自主性，以及组织权力由下而上的特性。人不再只是理性系统中的“螺丝钉”，被制度、规章、流程、命令、奖惩压得喘不过气。组织中的人际关系开始受到重视，社会网的引入正好标志着复杂系统视角的开端。人不是也不可能只是“螺丝钉”。出于自愿与志愿性的活动是组织成功的关键，但它不是层级制度所能控制的，所以用文化、愿景、沟通、领导来“导引”员工的价值、态度与动机变得很重要。

西蒙为这些理论做了一次“阴阳相融”，他把组织视为一个信息处理系统，信息与决策进入组织研究的中心议题，他及其合作者如马奇等人提出的概念如有限理性、信息不对称、机会主义行为、不确定性等成为信息理论的核心思想。而决策理论的提出更让我们看到组织不是封闭的，而是会在因应外在环境变化时不断做决策，自此开启了开放系统的研究视角。信息就是沟通，我们需要在组织中看到沟通系统，由此更需要把网络重新带回组织研究。信息时代来了，这意味着我们的所有生产要素都发生了变化，信息作为新的生产要素，其重要性可能超过了其他要素的总和。环境的变化、组织的演化、信息的处理正是复杂系统视角下的组织理论的关键要素。

面对环境变化，组织如何被设计？这开启了开放系统理性视角，并创造了大多数组织战略学派，开发出诸如五力分析[①]、SWOT分析[②]之类的战略分析工具。本书选择了在治理理论上卓有贡献的科斯与威廉姆森为代表，他们视组织为一个交易治理的系统，因交易本身的性质及外在环境的不确定性，决定了一笔交易在市场上的交易成本和组织内的管理成本。交易成本太高，就把这笔交易“兼并”进组织内进行。所以组织演化是一个精心算计各类交易的交易成本后设计出来的结果。

相反，开放系统自然视角则在探讨面对环境变化，组织如何不能被设计。塞尔兹尼克视组织为环境的一个刺激反应系统，外在环境的压力，尤其是制度环境的强制性，使得组织必须依照外在的要求行事。迪马吉奥和鲍威尔则看到了组织或出于“被迫”追求外界的“合法性”；或出于“自愿”而主动在专业规范上进行模仿；在“流行”的压力下，大家相互学习，共举标杆；组织结构因此不免相似。他们的研究让我们看到了组织在演化中的不可被设计、不可被控制的一面。

---

① 五力分析模型是迈克尔·波特于20世纪80年代初提出的，它对企业战略制定产生了全球性的深远影响。用于竞争战略的分析，可以有效地分析客户的竞争环境。五力分别是：供应商的议价能力、购买者的议价能力、潜在竞争者进入的能力、替代品的替代能力、行业内竞争者现在的竞争能力。五种力量的不同组合变化，最终会影响行业利润潜力的变化。——编者注

② SWOT分析，即基于内外部竞争环境和竞争条件下的态势分析。S（strengths）是优势，W（weaknesses）是劣势，O（opportunities）是机会，T（threats）是威胁。——编者注

而复杂系统视角则再次看到了这两个视角的“阴阳相融”。面对环境的变化，组织是可以被设计的，但又不能完全被设计，所以它不能做精细规划，却可以做顶层设计。组织确实是自然演化的，但演化又是可能被导引的，所以顶层设计是设定愿景、立下行为规范的底线，它提供自组织的空间、建立鼓励创新的制度，让适应外在变化的创新在愿景的方向和规范的底线上不断涌现，使组织有边缘创新，有创新传播，有系统转型，有复杂演化带来的生生不息。格兰诺维特正是把组织视为一个复杂网络系统，避免了“低度社会化”的纯理性思维，也避免了“过度社会化”的纯自然视角，把制度创新与系统转型放到开放系统的动态过程中考察，因此看到了在多元力量动态平衡中前行的一个系统。

上述的这些理论大家的观点在本书介绍的思想主线之外其实都有更丰富的内涵，我们不免有所偏重，有所遗落。比如泰勒式管理的重视工作流程与科学管理常常被认为是“不人道”的代表，甚至成为卓别林喜剧嘲讽工业时代人性异化的对象。但实际上，泰勒相当重视工人的工作动机与激励问题，他主张把新工作流程中得到的效率成果分享给工人，让工人也过上有尊严的生活。韦伯对层级制的探讨成了现代组织的典范，却留给人收权、非人格化、制度规章主导一切的印象，但是他的一系列对宗教的研究，尤其是《新教伦理与资本主义精神》一书，却指出了伦理、愿景、文化等“软”因素对经济行动的重要性。其他理论大师大抵都是如此，本书无法一一全面地推介其思想，只能摘其要者来说明复杂系统视角的组织管理如何在他们的养分下茁壮成长。

制度创新与系统演化的新视角

一百年来，每一个阶段的发展都为复杂系统视角的组织理论贡献了特定的要素。从泰勒开始，组织理论强调的是“胡萝卜加大棒”政策，把组织内的人看成“螺丝钉”。韦伯则用“理想类型”的框架建构了层级组织。泰勒与韦伯都看到了组织的形式化与结构化。他们开启了复杂系统视角中组织可以被规划、工作可以被设计的一面。

巴纳德开始带入信息，把组织看作一个协作系统，重视非正式组织的作用。组织由下而上自然生长的一面因此被觉知。

梅奥看到了组织不是纯粹的由上而下的命令系统，还看到了由下而上的人际关系与小团体行为，关系网络的引入是反化约主义的开端，由此一路走向了复杂系统视角的组织理论。复杂系统强调的是个体行为加上网络结构，需要看到组织现象中的行为与结构的共同演化。

西蒙和斯科特带入了什么？斯科特带入了一个视组织为系统的观点，分出理性的、自然的与开放的系统，复杂系统正是这些系统的融合。

而西蒙看到了组织中的有限理性、环境不确定性与信息不对称问题，为理性与自然系统的相融提供了理论基础，并下启开放系统视角。有限理性和复杂理论的关系在于：复杂系统一定是一个复杂适应的过程，不存在某一时间点上个体对全局的把握。对边缘创新的分析一定是在复杂系统的框架下才能开展的，我们只能是“盲人摸象”，在局部中逐步见到全貌。

威廉姆森又发现了什么？他发现了组织所面对的内外互动，也就是治理理论。威廉姆森看到了外部环境是如何影响组织的交易成本和管理成本的变化的，从而分析了面对外在环境因素时如何做出治理机制的选择。

塞尔兹尼克、迪马吉奥、鲍威尔等人的新制度主义则分析了面对外在环境因素时在什么机制下如何不可选择，让我们看到了“天下大势浩浩荡荡”的道理。

历代组织理论大师将复杂系统视角的诸多元素呈现在我们眼前，终于，格兰诺维特将这些阴阳两立的元素融合在一起，建构了一个看待复杂组织与复杂社会的理论框架。

至此，我们来回答第一个问题——是“英雄造时势”，还是“时势造英雄”？这个问题的提法本身就是一个分析思维下的产物，是以二元对立的方式来看待历史的进程。在复杂系统视角下，两者都对，两者也都不全对，甚至两者相伴而生。前者是伟人论，认为一个伟人的努力决定了历史的走向；后者则是“世界大势浩浩荡荡，顺之者昌，逆之者亡”，所以即使历史随便选了一个人，也能完成自己的进程。

但在格兰诺维特的理论架构中，我们一方面看到了原来的环境，尤其是制度环境，带给个人的限制性及机会；另一方面看到了个人如何在社会网中推进了创新与改变。所以在美第奇家族与文艺复兴的例子中，一方面，我们看到了工商阶层的崛起，老贵族权力的式微，新兴自由城市的市政权力正在兴起，以及宗教改革后世俗文化的觉醒；另一方面，美第奇家族在不同社会群体间充当“桥”以取得权力，发展了自己的关系网，组建了自己的圈子作为“枢纽”，并以支持新的文艺活动来争取“话语权”，最后在复杂网的结构特质中找到传播的机制。历史的进程到此时确实是大势所趋，“浩浩荡荡”，大多数老贵族都如堂吉诃德般被时代抛弃了，但在关键的路口，美第奇家族的选择却发挥了关键的作用。

再举一个类型的争议。回到第十一章中提到的福山在《历史的终结及最后之人》中强调的美式民主与资本主义体制是人类文明的终极答案。福山的问题和大多数制度决定论一样，犯了化约思维过度简化的毛病。他把一个主义、一种制度当成了一个静态的、整套的、嵌合良好的机制，以为有“三板斧”的功能就能修理好所有的机器。不论是格兰诺维特还是鲍威尔都对此提出了批判，他们认为这是演化与适应的问题，而不会有终极答案。没有制度是静态的，外在环境也不是静态的，它们都在演化，所以要看一个系统内部是否能保持弹性，能否不断选择和外在环境相适应的制度创新。苏联解体的问题不能只看作制度与主义的竞争问题，这太简化了，一定要研究它的治理机制失衡又丧失了演化能力的原因。我们在第四章中谈到了《组织与市场的涌现》一书，就正好探讨了为什么苏联失去演化能力，而我国却能“摸着石头过河”一路走过来。

本书更想探讨一件事情。不管是我们中华文明历经几千年而不断绝，基业长青，生生不息，还是改革开放这四十几年的不断转型，更有在信息化时代/互联网时代中，阿里巴巴和腾讯这些公司不断转型，不断成长，发展出平台型组织，最后变成世界的领袖企业，我们不禁要思考，是否是中国的一些传统文化的社会理想在其中发挥了作用？

这里包含了中国人对组织系统、社会系统，当然也包括家国系统的一个理想。什么是中国人认为的“美好社会”？作为制度比较的另外一端，西方制度文化中的终极目标又是什么？

这就回到了我们提出的第二个问题，我们在前言中引了《乌托邦》与《桃花源记》做延伸阅读，因为两者代表了不同文化的社会理想，值得我们比较与反思。

二

中国人的复杂系统视角

《乌托邦》让我们看到了一个被精细设计的在宗教道德导引下“理性组织化”的小共同体共产社会，它还描述了这样的“机器”是如何运转，又如何自我持续的；《桃花源记》则是一幅田园牧歌的景象，它的美好展现在人伦和谐之中，但我们没有深入地说明其社会运作的机制。为什么中国会形成这样的社会理想呢？在这样的理想之下，我们的组织管理者要如何作为呢？下面我们以中国政治组织为例，来分析这个传统形成的文化渊源。

其实，中国传统的政治组织是一个世袭制的威权系统，它与本书中所谈的理性系统有一些差别，但其强调权力的由上而下，依靠命令与流程的沟通方式，层级式的组织结构，以及考评与奖惩的激励方式，有理性系统的特质。理论上，“普天之下莫非王土，率土之滨莫非王臣”，这个威权系统是无所不在又无远弗届的。但在现实的执行上，却远非如此，因为儒家学者对世袭制威权系统的修正，在其学说取得了中国思想的正统地位后，却形成了中国的组织管理崇尚复杂系统的特质。

关系和谐：儒家人伦思想的兴起

自然系统的政治组织最原始的形式就是以家族或氏族为核心而形成的自组织。但春秋战国以来，社会的开放与城市化开始颠覆这样的组织模式，中央集权越来越明显，权力自上而下的管理系统也开始越来越重要，此时法家的出现正好代表了这股力量的崛起。商鞅的变法是一个重要的代表，它代表中国的诸侯政权进行了一系列以法规制度与命令系统进行层级治理的实验。秦以法家为治国思想，结果十分短命；汉以后一度又回到封建郡国并行制度，七国之乱后，汉朝又逐渐废除封建，仍然以从上到下的层级管理系统为主。只是鉴于秦朝的教训，汉朝统治者在威权系统之外饰以儒术，自此儒家取得了中国思想的正统地位。

儒家以复古为尚，时时以提倡三代的封建体系为己任。当然，在政治组织上这种思想已无能为力，但它却建立了中国以家庭为核心的组织形式，“家国”“家天下”都说明了在中国的更大的组织只是家的推广，这正是梁漱溟在《中国文化要义》一书中强调的中国社会是家伦理本位制度。而在“拟似家”的组织中，人伦则是组织法则。汉儒建立了中国三纲五常的观念，将中国人的道德观建基在人际关系之上。先秦儒家的“亲亲”与“尊贤”的主张，被推而广之及于上下权力关系及平辈朋友关系，确立了以后费孝通所谓的“差序格局”的道德观。

这种以家为核心再推广于上下权力与平辈朋友关系的道德观，主要规范着人与人的互动，而不是人与大集体的互动，它带来了中国人以人际关系的互动法则结成组织的组织法则。于是在经济组织上，中国人会以“拟似家族”为核心，借以组织企业，更会以人脉为核心，结成企业网络。至今，我们的经济行为中还保持着这样的传统，家族企业与商业网络在中国民营经济中的发达，可为证明。

复杂系统的一大要素就是关系、小团体、网络及分形，中国人以“拟似的家”为核心的组织方式，以及将家伦理扩大到社会结群中的思维，使我们看到了复杂网络的重要性。

道统与政统的制衡：以礼治秩序修正理性系统

在天下大一统且皇权逐渐集中的大环境中，汉儒想要修正世袭制威权系统的过度扩张并不容易，其中一个发展就是儒家将孔子塑造成“素王”，那是一个承接中国道统的人。自此，道统与政统可以分离，君王可以有王霸之分，懂得重用儒家学者行仁政的就是王道，不懂的就是霸道。至此，统治的“理”可以和统治的“权”分离。前者是道统，握在儒家知识分子手上；后者是政统，握在君王手上。

费孝通等人就指出，这使得读书识字及教育系统成为儒家知识分子维持道统的重要手段。汉朝的大多数老百姓是文盲，所以能掌握儒家知识的人十分有限，他们自成一个群体。而汉独尊儒术，开五经博士，又开太学，是政府培养官僚的人才库。儒家知识分子遂垄断了官方教育，并取得了民间重大的声望。当然，在皇权之下，固然有公孙弘等人的“屈学以阿世”（辕固生骂公孙弘之言），所以把儒家学说修改了，更好地为君王所用，产生后来“君要臣死，臣不敢不死，父要子亡，子不敢不亡”的俗儒之见。然而，儒家知识分子对皇权的靠拢也创造了人类所有文化中独一无二的皇权长期与知识分子共同执政的传统。

但道统又会对政统进行无情的批判。东汉末年，太学生对政治腐败表示抗议，曾使当朝三公下台，这留下了以后中国“庶人议政”的传统。但知识分子没有军队作为后盾，当宦官集团反扑时，党锢之祸爆发，李膺、杜密这些儒家知识分子领袖不是被杀就是逃亡。其中张检逃亡，民间交相掩护，被杀数十家，牵连之众竟使郡县残破。之后，汉朝失其道统，民变四起。黄金之乱时，乱民抢到大儒郑玄家乡，竟相约不得入内扰民，又可以看到道统已深入人心，使民间舆论成为道统的支持力量。

儒家知识分子逐渐将这套人伦道德观化为礼治，形成中国的礼治秩序。礼是不成文的规范，在人伦要求下，皇帝也必须孝亲，所以要谨守祖宗家法，形成敬宗法祖的传统；要亲亲，所以要友爱宗室；必须尊师，东汉明帝见老师，先行师生礼，再行君臣礼，传为千古佳话。不守礼的君王可能会受到群臣抗议，比如明嘉靖帝以外藩入继大统，竟想将其生父与先帝（嘉靖的伯父）并祀，结果和大臣争执不休，因而怠政。又比如，明万历帝立太子想立幼不立长，最后在群臣抗议下不能如愿，因而不临朝不派官。可见中国政治组织中的礼治传统是，不守礼，则上下打结，政务停摆。

礼在中国的政治组织中成为一种组织文化，是自然管理系统中的非正式控制。道统不断地以礼治修正世袭制威权系统的层级、命令、规章、法律，借着文化、思想的控制指导政统行王道而不行霸道，因此，中国的政治组织中保持着强大的自然系统的特性。而儒家学说所形成的礼更强调人伦的制约，孝亲、亲亲、尊师、招贤、纳谏等，使得自然系统的组织法则在中国组织中保持着重要性，不纯然以命令、流程、规章为组织沟通的方式。只是在“君尊臣卑”的格局下，道统的抗议能力会逐渐丧失。到清雍正帝时，不但不再承认孔子“素王”的地位，还要孔、孟“自尽其臣子之常经”，道统渐渐为政统所威慑，发挥不出影响力。

无为而治：分权带来自组织

我一直认为，2 600 年前相传孔子之孙孔伋所写的《中庸》一书是中国人治理智慧的宝典。它指出了“万物并育而不相害，道并行而不相悖”的管理思想，着重自下而上的自组织，自成长及自动相互协调的过程。这样的管理理想正是复杂系统视角下组织管理追求的基业长青，生生不息，而不是做大做强，一味强调效率效能。

其实在汉武帝独尊儒术之前，文、景二帝就崇尚黄老之术，强调的就是“我无为而天下治”的思想。予民自由，予民自治，则天下会自组织出社会秩序来，无须由上而下行使权力以维持秩序。《中庸》开宗明义就说，治理天下要做的是“九经”：“天下国家有九经，曰：修身也，尊贤也，亲亲也，敬大臣也，体群臣也，子庶民也，来百工也，柔远人也，怀诸侯也。”[①] 所以治理之本在于修身，然后对宗室要亲，对贤达要尊，对臣子要礼敬、体恤，这几项都是针对政府组织的治理，讲的却是一套对不同人的关系处理之道，而不谈组织层级、命令、规章、工作

① 论语 · 大学 · 中庸 [M]. 陈晓芬，徐儒宗，译注 . 北京：中华书局，2015，2：327.

流程的设计等。后几项则不是治理组织之道，而是治理社会之道，讲究的是要仁爱、怀柔，使百工安居乐业。

而修身之本在于诚，所以说“唯天下至诚，为能尽其性；能尽其性，则能尽人之性；能尽人之性，则能尽物之性；能尽物之性，则可以赞天地之化育；可以赞天地之化育，则可以与天地参矣”。换言之，领导人以至诚之心开始修身，最后可以让天地万物各安其分，生生不息。彼得·德鲁克说所有的管理始于自我管理，不正是中国人最传统的智慧吗？

这样一套思维形成了费孝通所言的“无为主义”，也就是小政府或不干涉人民生活的一套思想，诚如《中庸》的结尾语：“《诗》曰：‘不显惟德，百辟其刑之。’是故君子笃恭而天下平。《诗》曰：‘予怀明德，不大声以色。’子曰：‘声色之于以化民，末也。’……‘上天之载，无声无臭。’至矣！”[①] 所以中庸之道主张，上善的领导是“不显”“不大声以色”的，甚至是“无声无臭”的。这样的思想主张限制着世袭制威权系统的过度扩张，让人民自我组织，自我成长，自我协调，各安其位，生生不息，并相信这些自我组织会协调出社会秩序。领导要做的只是“笃恭”，而后可以“化民”，最后自然“天下平”。

综上所述，儒家主张以人伦关系为核心的组织内互动法则，又提出道统与礼治，也就是以组织文化与非正式规范补充于理性组织系统之中，更提出中庸之道与无为政治以强调分权，让

① 论语·大学·中庸 [M]. 陈晓芬，徐儒宗，译注 . 北京：中华书局，2015，2：358.

自然形成的自组织在世袭制威权系统中有生存空间。对应于治理理论，家伦理的法则在组织沟通上不再只强调命令、流程、规章这样的层级管理原则，而加入了人际协商、团体和谐的要素；在激励措施上，不只强调绩效考评、奖惩制度，还主张如家一般的归属感才最重要，这正是巴纳德主张的非物质性激励。礼治秩序则在管理手段上不再强调制度法律、命令体系，而更主张组织文化、组织规范的作用，所以领导要修身才能“化民”，也就是以组织规范感化人员自愿共同遵守，组织文化与愿景的重要性在此彰显。

中庸之道的无为而治的观念让我们看到自然而然形成的组织结构就是网络式组织，由基层人员自组织成各个团体，再让团体相互连接成为网络。这种以自组织为主的组织中最强大的激励措施不再是加薪、福利及分红，而是自组织的机会：给人一些空间，完全授权，任其发挥，自组织，自发展，自成长，自我形成秩序。这就是我国“跑马圈地”“诸侯经济”现象特别多的原因。

自组织正是复杂系统之所以不会僵化而能够演化的要素，是组织活力、创新能力的来源，是组织能适应外在变化、系统自我转变的关键。

皇权与绅权：一次社会治理的实验

一方面，大一统帝国和理论上无远弗届的皇权使得中国传统上的政治组织倾向于层级管理；另一方面，儒家知识分子的文化理想、道统的制约及文官系统的自组织力量又使得自然系统视角下的组织治理成为“理想典范”。这样的阴阳并存、双轨运行的组织实践成就了中国人的治理智慧。中国人将之应用在社会治理之上，也就是基层的政治组织也成了层级制与自组织两类治理并存共融、既相生也相克的实践之地。吴晗与费孝通所写的《皇权与绅权》一书就是对宋代开始的宗族制度成型后与皇权如何互动的一次考察。

在中国，自然系统与由上而下的威权系统总是并存于一个基层组织之中，所以自组织现象总也存在于层级体系之内，成为社会治理不可忽视的力量。魏晋南北朝时，代表地方经济、政治势力的自组织与代表道统的儒家知识阶层相结合，形成士族。士族在中央有人做官，起到道统对政统约制的作用；在地方则有自己的经济来源，甚至军队，对地方自组织起到实质保护的作用，因为皇权自上而下的管理系统不太能贯彻到地方。

隋文帝、唐太宗推行科举，提拔了大量的平民知识分子，一方面更稳固地保障了儒家学说的地位，另一方面却打破了士族对道统与地方经济的垄断，扩大了皇权向地方伸展的范围。在皇权扩张的过程中，绅权兴起成为另一股保护地方自组织的力量。士绅是当过官、退休在家的人，在政治上，他们对皇权毫无窥伺之心，对皇权扩张下的社会制度也无能为力，但是士绅的地位却能保护他的宗族免于过多的征粮、征兵的困扰。所以，各地宗族无不希望有子弟读书，赶考，中举，中进士，做官，这样可以形成宗族的保护伞。

中国自宋朝范仲淹建立义田制度以来，渐渐形成以宗族为中心的地方自组织形式，尤其在南方，此一形式成为地方自治的基础。一个姓氏的人聚居在一起，把家族的概念扩大了，将没有明显血缘关系（共同祖先可能上推十几代，所以同村同姓之人已没有明显的几等亲的关系）的同姓之人也纳入家族这样的社会功能单位中，共立祠堂，共同解决社会、经济事务。甚至不同姓的人也可以找到共同的祖先，自认是一个宗族的，比如赖、罗、博三姓就自认是周公的后代而共组宗族。这超越了家族或扩大家族的血缘关系，而是自组织出来的同宗和地缘团体。为了很好地实现对宗族的管理并促进宗族发展壮大，各宗族往往制定了较为完善的家法族规。这些家法族规一方面要反应中国人的儒法礼教，另一方面也是当地风俗规范的集合。其代代相传，成为中国乡土社会礼治的基础。在这样的组织结构与礼治秩序之下，宗族自己就具备了教、养、卫、调解纠纷等社会、经济功能，将皇权挡在县城之内，不下乡，不入家门。所以，地方自组织可以认为“天高皇帝远”“帝力于我何有哉”。

管理双轨制：阴阳力量并存

士绅又是如何保护地方自组织的呢？费孝通指出是靠政治双轨制度。一方面，皇权由上而下到县城，县官由中央派任，属政府组织层级制度的一员；另一方面，宗族权力由下而上，士绅是自治团体的领袖，但士绅却不是层级管理系统中的一员。

所以中国的政治组织并不是从上到下贯彻到基层的一个层级机构，而是一个上下两层的组织：县以上是由上而下的层级；基层是地方上由下而上自组织出来的地方治理机构，由不属于层级体系中的乡绅掌握。

在这里，我们看到了不论是政治组织的管理，还是社会治理中的基层组织，在中国都有着理性系统与自然系统并存的实验，也印证着中国人“阴阳相融”“时而相生，时而相克”的观念的实践。多元并存，动态演化，正是复杂理论的观点。在中国的组织实践中，我们可以看到：

1. 以家族为核心，组织被视为家的扩大，组织内的人际关系被视为拟似人伦关系，人伦法则成为自组织行为最重要的法则。
2. 道法自然之下，重视无为而治，让人自然发展，自组织出各种基层团体，自我成长，然后权力由下而上，大家协商，像县官与士绅的互动一般，最好取得共识。这成了中国人的治理理想。
3. 但是这种模式没有效率，也难以集中力量，更容易协商不成，产生纷争。所以渐渐地，儒家发展出礼治的治理模式，强调教化，有一套共同的人伦观念作为行为规范，以一套非正式规范及思想控制组织成员，并发展出很多礼仪来展现天道常存、人心不坏的道理。

当然，一如纯粹的层级体制在中国无法执行，这样的理想也欠缺可行性。在实践中，法家思想才是中国由上而下权力的主宰，法律规章起到了最真实的作用。自秦朝大一统以来，中国就一直是皇权压制相权，而且中央扩权更使得中央不断压制地方 。儒家对政治组织的设计逐渐落空，自然系统的管理只是一个不可实现的理想，仍然逐步让位给了自上而下的威权系统。只是在儒家学说崇尚自然系统管理的思想下，理性系统的主张归于隐性。中国人总是赞扬“有情有义”“知书达礼”“德化百姓”等符合人伦规范的管理行为，对只知法令、流程的人，往往贬之以“俗吏”“刀笔之吏”“不谙人情”，甚至骂之以“暴君”“酷吏”。所以，自然系统的理想在中国才是受赞赏的，理性系统则会受到压抑，形成中国政治组织管理以崇尚自然系统为主，使中国的儒家知识分子官员有“明儒暗法”的特色，儒法并存，培育出针对复杂系统的治理思维。

在实践中，中国人的阴阳并存、相生相克的思维一直发挥着重要作用，不两极对立，不偏于一方，让多元力量并存共荣，“百道并行而不悖”，也正是复杂系统视角中的要素。如何让多元力量动态平衡，共促演化，更是复杂系统能够具有强韧性的关键。

中庸：动态平衡之道

中庸正是讲动态平衡的思维。我们常常讲“中庸”，外国人翻译中庸叫“doctrine of the mean”，意为中间的，平均的，不上不下，不白不黑，不左不右。但那叫平庸，不是中庸。《中庸》中有云：“舜其大知也与！舜好问而好察迩言，隐恶而扬善，执其两端，用其中于民。”[①] 中庸的真实意义是“执其两端用其中”。平常天天听老百姓说话，老百姓总有最左及最右，最上与最下，好的系统领导者永远会包容左右，取其中道而行，这是一个动态平衡的观点。

所以，中国的制度文化就讲究动态和演化思维。阴阳是一体两面，有阴就有阳，因此，好的组织一定要做到收放自如。而这个是动态平衡，是中庸。既多元包容又动态平衡，最后得到的是什么？就是“万物并育不相害，道并行不相悖”，多元并存，相生相克，却又相融。中庸的概念根植于中国的组织活动，更强调生生不息，用我们今天流行的话来表达，就叫作“可持续性发展”，“包容性增长”，或者“基业长青”。

中国人管理的理想是要系统能够生生不息。按照复杂系统理论的语言，就叫作“强韧”。需要牢记的是，复杂系统视角总是告诉我们制度是内生的。既然是内生因素，我们就必须理解组织活动所处的场域，以及场域中的制度要素，让制度创新在系统的演化中自然涌现。否则，全然挪用别处的组织设计，结果可能是水土不服。

以理性–自然–开放的组织系统的概念来分析中国的管理，

① 论语·大学·中庸 [M]. 陈晓芬，徐儒宗，译注 . 北京：中华书局，2015，2：296.

可以得到十分有启发性的观点。虽然就思想渊源而言，理性系统与自然系统似乎不可调和，但在现实中，由于所有组织都存在冲突倾向，理性和自然系统总是同时存在且互为补充的。如前所述，西方的现代管理思想是从韦伯的层级制与泰勒的科学管理开始，是一个以理性管理系统为主轴，但不断以自然管理系统加以修正的思维。而中国的组织管理思想刚好相反，我们总以“道法自然”的思想来看待管理法则，所以自然系统一直被视为主轴。但现实却是，我们在历史中不断地加强层级制度，补充以理性系统的管理。中国在 2 300 年前就开始了大一统的层级组织的管理，却在儒家文化理想的制约下，加上中国人的阴阳并存、相生相克、中庸之道、动态平衡的思维，在现实与文化理想不断冲突的实践里，淬炼出中国人的治理思想，其中总能看到符合复杂系统视角所闪耀的智慧之光。

换言之，中国人看事物总是自带三分复杂系统视角，无须任何学术理论的训练，普通中国人的基因之中似乎就带着关系、圈子、人脉网、关系网结构、阴阳并存、动态平衡的思维。

三

复杂科学的应用

本书的第三章介绍了复杂系统视角是什么，又在第四章举了实例去考察复杂组织系统中的管理者如何看待自组织、边缘创新、创新传播与制度选择，最后让系统可以演化，适应外在环境的变化。从组织理论发展的角度可以简单地总结：复杂超越了两极对立的思维，超越了简单的因果推论，比如制度决定论、文化决定论等，而把系统的、网络的、整体的、多元并存的及动态演化的观点融入组织管理。

在本书的其他章节中，我们梳理了复杂系统视角的发展脉络，介绍了各相关组织理论流派的代表性人物及其理论。一方面看到理性系统的重要性，讲效率效能，完成短期组织目标，有效掌控核心功能，可以迅速集中力量应对经济危机；另一方面，自然系统强调人际和谐，增加系统稳定，提供边缘创新，创造系统的适应转型，而追求基业长青。最后在复杂系统的观点架构中，试图看到两者在开放系统中的阴阳相融，一方面有自组织、自适应，另一方面有稳定的秩序和明确的方向，探讨了制度创新在系统演化过程中如何成为可能。

我们因此回过头来看在社会上流行的一些观点是如何犯了化约主义错误的。先是对二元对立的思维提出批判。本书在格兰诺维特的理论中最直接探讨的就是“英雄造时势，还是时势造英雄”的问题，并提出一套架构去说明，两者都对也都不全对，它们都在一个动态网络演化的过程中发挥了它们的作用。非常类似的争议还有人治 vs 法治、保守 vs 进步、市场 vs 政府等，不一而足，可以列出一长串，这些都是在化约主义之下二元对立思维的相互指摘，所以人们总是争论不休。

复杂系统视角的另外一个批判针对文化决定论、制度决定论等思维。我们在本书中谈到格兰诺维特直接讨论的是福山在《历史的终结及最后之人》中的制度决定论，以及在《信任》一书中的文化决定论。但非常类似的争论还有很多，比如认为儒家文化阻碍了现代文明在中国的发生的观点，与之相反，又有儒家文化创造了东亚经济振兴的观点。又比如，东亚儒家文化能有效处理汽车生产模组化的问题，也是族繁不及备载。其实，这类解释不一定是错的，但都犯了化约主义的过度简化的错误，好像这些“制度”“主义”“文化”都是一台静止且嵌合良好的机器，忽略了任何一个“制度”“文化”“主义”本身都是在不断演化的问题，它们往往能为人们带来新问题的新答案。更值得探讨的是，它们“苟日新，日日新，又日新”的能力是如何而来，如何而灭的，而不是我们看到的表面的一些机制。

我们固然在本书中介绍了复杂系统组织理论的学理发展的渊源，但复杂系统视角绝不止于一个组织管理理论的视角，它同时是我们看待万事万物，理解其背后运作机制的一套思维工具。如同第三章第二节中所述，复杂系统视角除了思考行动者本身，兼顾行动者之间的网络结构，圈子、圈子中的“枢纽”、圈子间的关系、更大型网络的结构、结构演化的力量，势之所在，如何布局？边缘创新的力量在哪里？哪些力量可以进入“拐点”？这些力量是否平衡？如何平衡？如果不能平衡，系统将向何方转型？常存这些问题在心中，可以用来分析很多事物演化的道理。

复杂系统视角进入学术界，促进了很多学科中复杂科学的发展，也创造了很多新的学术理论和研究方法，也在慢慢地改变大家的思维方式。其实，我们中国人原本就具有复杂思维，但被西方近现代个人主义思维之下的化约思维影响太多，而西方现在又回过头开始探索复杂系统了。我们应该好好发挥自己复杂思维的优势，比如合作才是成功之本。但是现实世界中的很多人总是在教你自私、竞争、效率，这些当然也重要，但人还有另外一面——利他、合作与永续发展。中国一直以来有一种思维就是成就别人，才能成就自己，利他主义的结果反而是利己。所以我们中国人自古以来更重视人际关系、合作网络，原因也就在这里。

值得强调的是，复杂系统视角的组织理论的主要任务就是在复杂社会系统中提供一套有效的治理机制。复杂科学进入社会科学形成的一套理论，不管是社会网、复杂网，还是系统动态研究，等等，都正在给我们提供治理新世界的答案。如何理解被互联网连接的新世界？我们要重新去思考，未来世界的合作网络是什么样的，信息时代的复杂网和复杂网结构有何动力，如何追求我们人类的永续发展。最后，本书想表达一个观点：中国文化中孕育着复杂系统的治理智慧，它一定能为未来社会的治理做出应有的贡献。

儒家文化使得中国的组织一直保持自然系统的特质，但有阴就有阳，阴阳经常是一体两面的，所以它给我们带来治理智慧的同时，生发的问题也很多。“中庸之道”让自组织得到尊重，所以我们的组织结构总是网络式的，不但组织间会形成层层外包的网络，即使在一个组织之内都可能采用层层外包的方式来组织工作。但自组织也使得中国的组织内小圈子现象较普遍，经理人要有自己的工作班底；领导会有自己的亲信；组织管理不善时，组织总是出现派系斗争。“人伦法则”则使得组织内“公事公办”不受欢迎，领导管理员工时要懂得恩慈领导，要施恩；交易伙伴要讲兄弟义气；对自己的亲信、班底则要视之为“拟似家人”。这些都是把组织视为家的扩大的结果，所以组织行为常常不是“公”事，而变成熟人关系间的人情交换。少了良好的自我规范，这样的公私不分会带来组织的混乱，所以“礼治秩序”凸显了中国组织内非正式规范的重要性；德行领导的研究指出，以身作则是取得教化权的条件，有了诚意与修身，才可以塑造出良好的企业文化，否则徒法不足以自行，潜规则的盛行反而扭曲了制度规章的本意。

谈到中国人的复杂思维与治理智慧，我们也要有一些警醒。第一，不要做化约主义式的价值判断，落入不是歌颂中华民族伟大传统，就是全面否定中国文化的窠臼。中国人与中国组织的这些特质在不同技术与不同制度的环境中会有不同的优势与劣势。一方面，自组织可以提供强大的激励机制使人努力工作，自组织出来的网络也很有弹性，可以快速做出改变与反应；另一方面，它也造成中国组织公私难分，派系盛行。重要的是，我们需要正视中国存在这样的文化传统，以帮助我们了解如何在这样的文化环境中做好管理。过犹不及，如何使自然与理性法则达到动态平衡，也正是中国人在管理上要不断发展的智慧。

第二，我们要警惕地看到，中国人自有看待事物的复杂系统视角，而复杂社会系统之中的社会网络又居于关键地位，说中国讲“关系主义”，是人情社会，都没错，但这不免太简化。在简化之后，中国文化可能会被贴上一些负面标签，其实这些都是与理性系统相克之处。复杂系统视角告诉我们，好的系统治理总要求其相生，而避其相克，使之在相生时，理性系统与自然系统能并进共荣。只可惜我们总是以二元对立的思维看事情，也在急功近利之中，总喜欢一方求其速成却以另一方为牺牲，使复杂系统视角的智慧无法体现。于是，不是落到一个极端——形式主义下法制的僵化，就是落到另一个极端——关系主义下人情的滥用。

第三，当我们看到中国人的复杂系统视角能散发的管理智慧时，又简单地将其归结于关系、人情、自组织所带来的弹性与创新，再次以“关系主义”、人情社会简单化了这些现象，而忽略了复杂系统领导者所需做的法治建设、动态平衡及取势布局。其实在中国社会中，我们固然要警惕形式主义下的法制僵化，但中国人天生的关系倾向，使我们更需要警惕关系主义下的违法滥权、特权交换、“抱团窝案”，所以大多数时候，在中国强调依法治理总没错。

长期以来，以费孝通为代表的本土社会学者指出了中国组织中的差序格局现象、以教化为主的权力、家伦理的组织法则、礼治秩序等特质；以杨国枢为代表的本土心理学者则提出中国人的关系、面子、人情交换等关系分析。这些都为我们进一步分析中国组织在复杂系统视角下如何运作提供了丰富的研究基础。中国的组织中充满着具有中国特色的复杂系统产生的现象，如组织网络、班底亲信、派系问题、人情交换、教化权、礼治秩序、双轨管理等，这些提供了一大片本土组织理论及管理、治理研究与实务的开阔空间，正待更多的管理实践者与学者去思考，去开发。

参考文献

- 陈介玄 . 协力网络与生活结构——台湾中小企业的社会经济分析 [M]. 台北：联经出版事业公司，1994.
- 樊景立，郑伯薰 . 华人组织的家长式领导：一项文化观点的分析 [J]. 本土心理学研究，2000（13）：127—180.
- 费孝通 . 乡土中国 [M]. 北京：北京大学出版社，1998.
- 费孝通 . 乡土重建 [M]. 上海：观察社，1948.
- 黄仁宇 . 万历十五年 [M]. 台北：联经出版事业公司，1995.
- 梁漱溟 . 中国文化要义 [M]. 上海：上海人民出版社，2005.
- 罗家德，刘济帆，杨鲲昊，傅晓明 . 把理论重新引入——大数据、理论与预测模型的三角对话 [J]. 社会学研究 ，2018（5）: 117—138.
- 罗家德，叶勇助 . 中国人的信任游戏 [M]. 北京：社会科学文献出版社，2007.
- 戚树诚 . 企业组织亲信角色之实证研究 [J]. 管理评论，1996，15（1）: 37—59.
- 钱穆 . 中国历代政治得失 [M]. 北京：生活 · 读书 · 新知三联书店，2001.
- 沈原 . 市场、阶级与社会 [M]. 北京：社会科学文献出版社，2007.

■ 陶渊明集 [M]. 北京：中华书局，1979：165—166.

■ 吴晗，费孝通 . 皇权与绅权 [M]. 上海：观察社，1949.

■ 吴晓波 . 腾讯传：中国互联网公司进化论 [M]. 杭州：浙江大学出版社，2017.

■ 肖知兴 . 中国人为什么组织不起来 [M]. 北京：机械工业出版社，2006.

■ 萧公权 . 中国政治思想史 [M]. 北京：商务印书馆，2011.

■ 许烺光 . 宗族 · 种姓 · 俱乐部 [M]. 北京：华夏出版社，1990.

■ 余英时 . 历史与思想 [M]. 台北：联经出版事业公司，1976.

■ 翟学伟 . 面子、人情与权力的再生产 [M]. 北京：北京大学出版社，2005.

■ 张佳音，罗家德 . 组织内派系形成的网络动态分析 [J]. 社会，2007（4）: 152—164.

■ 周雪光 . 组织社会学十讲 [M]. 北京：社会科学文献出版社，2003.

■ 朱熹 . 四书集注 [M]. 南京 : 凤凰出版社，2005.

■［德］罗伯特 · 米歇尔斯 . 寡头统治铁律：现代民主制度中的政党社会学 [M]. 任军锋，等，译 . 天津：天津人民出版社，2003.

■［美］艾伯特–拉斯洛 · 巴拉巴西 . 爆发：大数据时代预见未来的新思维 [M]. 马慧，译 . 北京：中国人民大学出版社，2012.

■［美］艾伯特–拉斯洛 · 巴拉巴西 . 链接：网络新科学 [M]. 徐彬，译 . 长沙：湖南科技出版社，2007.

■［美］弗朗西斯 · 福山 . 历史的终结及最后之人 [M]. 黄胜强，许铭原，译 . 北京 : 中国社会科学出版社，2003.

■ [美] 弗朗西斯 · 福山 . 信任：社会美德与创造经济繁荣 [M]. 彭志华，译 . 海口：海南出版社，2001.

■ [美] 弗雷德里克 · 泰勒 . 科学管理原理 [M]. 马风才，译 . 北京：机械工业出版社，2007.

■ [美] 亨利 · 明茨伯格 . 管理者而非 MBA[M]. 杨斌，译 . 北京：机械工业出版社，2010.

■ [美] 杰弗里 · 韦斯特 . 规模：复杂世界的简单法则 [M]. 张培，译 . 北京：中信出版社，2018.

■ [美] 李 · 雷尼，巴里 · 威尔曼 . 超越孤独 [M]. 杨伯溆，高崇，等，译 . 北京：中国传媒大学出版社，2015.

■ [美] 马丁 · 诺瓦克，罗杰 · 海菲尔德 . 超级合作者 [M]. 龙志勇，魏薇，译 . 杭州：浙江人民出版社，2013.

■ [美] 曼威 · 柯司特 . 网络社会之崛起 [M]. 夏铸九，王志弘，等，译 . 台北：唐山出版社，2000.

■ [美] 切斯特 · 巴纳德 . 经理人员的职能 [M]. 王永贵，译 . 北京：机械工业出版社，2007.

■ [英] 卡尔 · 波兰尼 . 大转型：我们时代的政治与经济起源 [M]. 冯钢，刘阳，译 . 杭州：浙江人民出版社，2007.

■ [英] 莫尔 . 乌托邦 [M]. 胡凤飞，译 . 北京：北京出版社，2007.

■ Albert-Laszlo Barabasi, Reka Albert. Emergence of Scaling in Random Networks[J]. Science, 1999,Vol. 286: 509–513.

■ Albert-Laszlo Barabasi. Taming Complexity[J]. Nature Physics, 2005, Vol 1: 68–70.

■ Alvin W. Gouldner. Organizational analysis (in Sociology Today) [C]. Robert K. Merton, Leonard Broom, Leonard S. Cottrell. ed. New York: Basic Books,1959.

■ Amitai Etzioni. Two Approaches to Organizational Analysis: A Critique and A Suggestion [J]. Administrative Science Quarterly, 1960,5: 257–278.

■ Anthony Oberschall, Eric M. Leifer. Efficiency and Social Institutions: Uses and Misuses of Economic Reasoning in Sociology[J]. Annual Review of Sociology, 1986.

■ Arthur L. Stinchcombe. Constructing Social Theories [M]. Chicago: University of Chicago Press,1968.

■ Charles Perrow. Complex Organization: A Critical Essay [M]. New York: McGraw-Hill,1986.

■ Charles Perrow. Organizational Analysis: A Sociological View [M]. Belmont, California :Wadsworth,1970.

■ Damon Centola. The Spread of Behavior in an Online Social Network Experiment [J]. Science, 2010,Vol 329: 1194–1197.

■ David Krackhardt. Organizational Viscosity and the Diffusion of Controversial Innovations [J]. Journal of Mathematical Sociology, 1997.

■ Donde A. Plowman, Lakami T. Baker, Tammy E. Beck, Kulkarni Mukta. Radical Change Accidentally: The Emergence and Amplification of Small Change [J]. The Academy of Management Journal, 2007. (50) : 515–543.

■ Douglas McGregor. The Human Side of Enterprise [M]. New York: McGraw-Hill,1960.

■ Duncan Watts. Dynamics and the Small-world Phenomenon [J]. American Journal of Sociology, 1999 , 105（2）:493–527.

■ Edward Gross. Universities as Organizations: A Research Approach [J]. American Sociological Review, 1968.

■ Elinor Ostrom. Building Trust to Solve Commons Dilemmas: Taking Small Steps to Test an Evolving Theory of Collective Action [C]. Games, Groups, and the Global Goody, S. Levin.ed. New York: Springer, 2008 211–216.

■ Elinor Ostrom. Governing the Commons: The Evolution of Institutions for Collective Action [M]. Cambridge: Cambridge University Press, 1990.

■ Elton Mayo. The Social Problems of an Industrial Civilization [M]. Boston: Graduate School of Business Administration. Harvard University, 1945.

■ Everett M. Rogers. Diffusion of Innovation [M]. NY: The Free Press, 1995.

■ F. L. Hsu. Clan, caste and club: A comparative study of Chinese, Hindu, and American ways of life. Princeton, NJ: Van Nostrand, 1963.

■ Frederick W. Taylor. The Principles of Scientific Management [M]. Hickory: NuVision Publications,2007.

■ Gary G. Hamilton, Cheng-Shu Gao. The Institutional Foundations of Chinese Business: the Family Firm in Taiwan [J]. Comparative Social

Research, 1990,12:135–151.

- Gary G. Hamilton, William Zeile, Wan-Jin Kim. The Network Structures of East Asian Economies [C]. Steward R. Clegg & S. Gordon Redding. Capitalism in Contrasting Cultures. New York: Walter de Gruyter, 1990.
- George M. Thomas, John W. Meyer. The Expansion of the State [J]. Annual Review of Sociology, 1984.（10）: 41–482.
- Gu WeiWei（joint first author）, Luo Jar-Der（ joint first and corresponding author）, Liu JiFan. Exploring Small-World Network with an Elite-Clique: Bringing Embeddedness Theory into the Dynamic Evolution of a Venture Capital Network [J]. Social Network, 2019, 57：70–81.
- Hans Heesterbeek, et, al. Modeling Infectious Disease Dynamics in the Complex Landscape of Global Health [J]. Science 347. DOI: 10.1126/science.aaa4339, 2015.
- Hans Heesterbeek, et, al. Modeling Infectious Disease Dynamics in the Complex Landscape of Global Health [J]. Science 347. DOI: 10.1126/science.aaa4339, 2015.
- Harrison White. Chains of Opportunity: System Models of Mobility in Organization [M]. Cambridge: Harvard University Press, 1970.
- Herbert A. Simon. Administrative Behavior（3rd ed.）[M]. New York: Macmillan,1976.
- Howard Aldrich. Organizations and Environments [M]. Englewood Cliffs, NJ: Prentice-Hall,1979.
- Hu Yang, Jar-Der Luo（corresponding author）, Ying Fan, Li Zhu.

Clustering and Ranking Chinese Leading Venture Capital Firms Based on the Weighted K-means [J]. Information Processing and Management. Online publication complete: 16-JUL-2019. DOI information: 10.1016/j.ipm.2019.102083, 2019.

- I. Prigogine. Thermodynamics of Irreversible Process [M]. NY: Ryerson Press, 1995.
- J. L Farh, J. Liang, R. D. Hackett. Power Distance and Traditionality in Organizational Research: Conceptual Distinction and Measurement Clarification [R]. Nanjing: The Second International Association of Chinese Management Research Conference,2006.
- James D. Thompson. Organizations in Action [M]. New York: McGraw-Hill,1967.
- James G. March, Johan P. Olsen. The New Institutionalism: Organizational Factors in Political Life [M]. The American Political Science Review, 1984,78（3）:734–749.
- James G. March, Herbert Simon. Organizations [M]. New York: Wiley, 1958.
- James S. Coleman, Elihu Katz , Herbert Menzel. Medical Innovation: A Diffusion Study [M]. New York: Bobbs-Merrill Company, 1966.
- Jeffrey Pfeffer, Gerald R. Salancik. The External Control of Organizations [M]. New York: Harper & Row Publishers, 1978.
- Joan Woodward. Industrial Organization: Theory and Practice [M]. London: Oxford University Press, 1965.

- John F. Padgett , Christopher K. Ansell. Robust Action and the Rise of the Medici, 1400-1434 [J]. American Sociological Review, 1993.
- John F. Padgett, Walter W. Powell. The Emergence of Organizations and Markets [M]. New Jersey: Princeton University Press, 2012.
- John Holland. Complexity: A Very Short Introduction [M]. Landon: Oxford University Press, 2014.
- John R. Commons. Legal Foundations of Capitalism [M]. New York: Macmillan,1924.
- John W. Meyer, Brian Rowan. Institutionalized Organizations: Formal Structure as Myth and Ceremony [J]. American Journal of Sociology, 1977.
- K. K. Hwang. Face and Favor: The Chinese Power Game[J]. American Journal of Sociology. 1987,92:944–974.
- Karl Marx, Fredrick Engels. Manifesto of the Communist Party [M]. Moscow: Foreign Language Publishing House,1848.
- Karl Polanyi. The Great Transformation: The Political and Economic Origins of Our Time [M]. Boston: Beacon Press,1992.
- Karl. E. Weick. The Social Psychology of Organizing [M]. Reading, MA: Addison-Wesley (2nd ed.), 1979.
- Kenneth E. Boulding. General Systems Theory: The Skeleton of Science [J]. Management Science, 1956.
- Kevin Kelly. Out of Control: The New Biology of Machines, Social Systems, & the Economic World [M]. New York: Basic Books, 1995.

■ Ludwig von Bertalanffy. General Systems Theory: A Critical Review [C]. In General Systems: Yearbook of the Society for General Systems Research. Ludwig von Bertalanffy , Anatol Rapoported, 1962.

■ Luo Jar-Der, C. F. Markets and Networks: A Dynamic Network Model to Studying Organization Collective Efficiency [R]. Toronto: ASA Convention, 1997.

■ Luo Jar-Der, Yeh Kevin. From Family Business to Business Family: Transformation of Taiwan's Organizational Networks [J]. Hong Kong Journal of Sociology, 2002.（3）:71–94.

■ Luo Jar-Der. Particularistic Trust and General Trust: A Network Analysis in Chinese Organizations [J]. Management and Organizational Review, 2005.（3）:437–458.

■ Luo Jar-Der. The Significance of Networks in the Initiation of Small Business in Taiwan [J]. Sociological Forum, 1997, 12（2）: 297–319.

■ Manuel Castells. The Rise of the Network Society [M]. New Jersey: Wiley-Blackwell,2000.

■ Mark Granovetter. Economic Action and Social Structure: the Problem of Embeddedness [J]. American Journal of Sociology, 1985,91: 481–510.

■ Mark Granovetter. Getting A Job: A Study of Contacts and Careers [M]. Chicago: University Of Chicago Press, 1995.

■ Mark Granovetter. Society and Economy: Framework and Principles [M]. Cambridge: Harvard University Press, 2017.

■ Mark Granovetter. The Strength of Weak Ties [J]. American Journal of

Sociology, 1973.

- Mark Granovetter. Threshold Models of Collective Behavior [J]. American Journal of Sociology, 1978.
- Max Weber. Economy and Society [M]. New York: Bedminister Press, 1968.
- Michael Small, Chik Tse. Small World and Scale Free Model of Transmission of SARS [J]. International Journal of Bifurcation and Chaos, 2005, Vol. 15（5）: 1745–1755.
- Neil Fligstein. The Transformation of Corporate Control [M]. Cambridge, MA: Harvard University,1990.
- Nils Brunsson. The Irrational Organization [M]. New York:Wiley,1985.
- Oliver E. Williamson. Markets and Hierarchies: Analysis and Antitrust Implications [M]. New York: Free Press, 1975.
- Oliver E. Williamson. The Economic Institutions of Capitalism [M]. New York: Free Press, 1985.
- Oliver E. Williamson. The Vertical Integration of Production: Market Failure Considerations [J]. American Economic Review, 1971.
- P. M. Senge. The Fifth Discipline: The Art and Practice of the Learning Organization [M]. London: Random House, 1990.
- Paul J. DiMaggio. State Expansion and Organizational Fields [C]. Organizational Theory and Public Policy, Richard H. Hall , Robert E. Quinned. Beverly Hills, CA: Sage. 1983, pp. 147–161.
- Paul J. DiMaggio, Walter W. Powell. The Iron Cage Revisited: Institutional

Isomorphism and Collective Rationality in Organizational Fields [J]. American Sociological Review, 1983.

- Paul R. Lawrence, Jay W. Lorch. Organization and Environment: Managing Differentiation and Integration [M]. Boston: Graduate School of Business Administration. Harvard University,1967.
- Peter M. Blau, W. Richard Scott. Formal Organizations: A Comparative Approach [M]. San Francisco: Chandler,1962.
- Philip Selznick. Foundations of The Theory of Organization [J]. American Sociological Review, 1948.
- Philip Selznick. TVA and the Grass Roots [M]. Berkeley: University of California Press,1949.
- R.H. Coase. The Nature of the Firm [J]. Economica, 1937.
- Reinhard Bendix. Work and Authority in Industry [M]. New York:Wiley, 1956.
- Richard M. Cyert, James G. March. A Behavioral Theory of The Firm [M]. New Jersey :Prentice Hall,1963.
- Romualdo Pastor-Satorras, Claudio Castellano, Piet Van Mieghem, Alessandro Vespignani. Epidemic Processes in Complex Networks [J]. Physics.soc, 2015.
- Ronald S. Burt. Structural Holes [M]. Cambridge, MA: Harvard University Press,1992.
- Sheldon S Wolin. Politics and Vision: Continuity and Innovation in Western Political Thought [M]. New Jersey: Princeton University Press, 2006.

■ Talcott Parsons. Introduction to the Theory of Social and Economic Organization [M]. IL: Free Press,1947.

■ W. Richard Scott. Organizations: Rational, Natural, and Open Systems (1st ed.) [M]. NJ: Prentice Hall, 1981.

■ W. Richard Scott. Reflection on a half-century of organizational sociology [J]. Annual Review of Sociology, 2004.

■ W. Richard. Scott Institutions and Organizations [M]. Thousand Oaks, CA:Sage, 1995.

■ Walter Buckley. Sociology and Modern Systems Theory [M]. New Jersey: Prentice Hall, 1967.

■ Walter W. Powell. Neither Market Nor Hierarchy: Network Forms of Organizations. [C]. Research in Organizational Behavior. Barry M. Staw , Larry L. Cummingsed. Greenwich, CT: JAI Press, 1990.

■ Walter W. Powell, Kelley Porter, Kjersten Bunker. The Institutional Embeddedness of High-Tech Regions in Clusters, Networks, and Innovation [M]. Oxford: Oxford University Press, 2005, pp. 261–96.

■ Walter W. Powell, Paul DiMaggio. The New Institutionalism in Organizational Analysis [M]. Chicago: University of Chicago Press,1991.

■ Warren G. Bennis. Leadership Theory and Administrative Behavior [J]. Administrative Science Quarterly. 1959,4: 259–301.

■ Wolfgang J. Mommsen. The Age of Bureaucracy [M]. New York: Harper & Row Publishers, 1977.